VINDOBONA
VERLAG SEIT 1946

MARINA METZLER

EMOTIONALE FREMDBESTIMMUNG AUFLÖSEN

Die besten Tipps und Tools, wie du als Frau Freiheit, Erfüllung und Selbstbestimmung erlangst

VINDOBONA
VERLAG SEIT 1946

Bibliografische Information
der Deutschen Nationalbibliothek:

Die Deutsche Nationalbibliothek
verzeichnet diese Publikation in
der Deutschen Nationalbibliografie.
Detaillierte bibliografische Daten
sind im Internet über
http://www.d-nb.de abrufbar.

www.vindobonaverlag.com

ISBN 978-3-903574-64-9
Lektorat: Karolin Leyendecker
Umschlagfoto: Marina Metzler
Umschlaggestaltung, Layout & Satz:
Vindobona Verlag
Innenabbildungen: 123rf.com, fotolia
Autorenfoto: Marina Metzler

Die vom Autor zur Verfügung gestellten
Abbildungen wurden in der bestmög-
lichen Qualität gedruckt.

Gedruckt in der Europäischen Union
auf umweltfreundlichem, chlor- und
säurefrei gebleichtem Papier.

Dieses Buch widme ich allen Frauen.

Mögen die zarten Impulse darin
in dir eine tiefe Begeisterung wecken,
über sich selbst begeistert zu sein.

Haftungsausschluss

Bevor wir uns mit dem Kernthema *souveräne und selbstbestimmte Lebensmeisterung auf die weibliche Art* befassen, möchte ich dir wichtige Empfehlungen ans Herz legen:

Solltest du dich in einer akuten oder bedrohlichen Krisenzeit befinden und nicht eigenständig aus dem Sog der schwerwiegenden negativen Gefühle befreien können, hole dir bitte zeitnah professionelle therapeutische Hilfe. Das können unter anderem Ärzte, Heilpraktiker oder Psychologen deines Vertrauens sein.

Die bewährten Mittel und Methoden zur Selbsthilfe in diesem Buch können keineswegs die Diagnose und Therapie der Erkrankung durch einen Arzt, Psychologen oder Heilpraktiker ersetzen.

Vielmehr stellen sie allen Benutzern sowie Ratsuchenden eine unverbindliche Hilfe dar und können eine Therapie oder ärztliche Maßnahmen unterstützen und begleiten.

Darüber hinaus gibt es die bundesweit organisierte Telefonseelsorge, die du gebührenfrei unter folgenden Telefonnummern erreichen kannst: 0800–111 0 111 bzw. 0800–111 0 222. Dort hat man 24 Stunden, 7 Tage die Woche ein offenes Ohr für deine Probleme und Nöte.

Des Weiteren wurden alle Informationen wie Empfehlungen, Anregungen, Impulse in dem dir vorliegenden Buch von der Autorin nach bestem Wissen und mit größter Sorgfalt erarbeitet, erwogen und geprüft.

Weder die Autorin noch weitere am Buch beteiligte Personen haften für etwaige Personen-, Sach- und Vermögensschäden, die sich aus dem Gebrauch dieses Buches ergeben. Aus diesem Grund erfolgen alle Angaben ohne Gewähr.

Die besten Tipps und Tools, wie du als Frau Freiheit, Erfüllung und Selbstbestimmung erlangst

Inhaltsverzeichnis

Die Idee zu diesem Buch und wie du daraus den größten Nutzen ziehen kannst

Liebe Freundin,

dieses Buch enthält eine Fülle von Ideen, die zu einem frischen, kreativen Denken einladen. Dadurch eröffnen sich Möglichkeiten, unsere Lebenserfahrungen in einem neuen Licht zu sehen.

Manche Erklärungen in diesem Buch werden für dich klar ersichtliche Botschaften enthalten, mit denen du dich gut identifizieren kannst und wirst.

Andere Aussagen könnten in dir einen Widerstand, einen inneren Protest oder vielleicht auch Zweifel auslösen, da sie nicht mit den von dir gehegten Glaubenssätzen übereinstimmen.

Das ist vollkommen in Ordnung so. Alle deine Assoziationen, deine Vorstellungen und auch Emotionen, welche du während des Lesens wahrnehmen wirst, haben ihre Daseinsberechtigung.

Aus diesem Grund werden auch *bestimmte Begriffe in einem anderen Kontext oder Zusammenhang des Öfteren im Buch vorkommen*, um deren tiefere Bedeutung sowie verborgene Weisheit zu offenbaren.

Jeder Mensch ist auf seine einzigartige Art und Weise ein wundervolles, multidimensionales und facettenreiches Wesen.

Es gibt in den verschiedenen Lebensbereichen kein Patentrezept dafür, was jedem Einzelnen guttut und was nicht.

Wie kann ich dennoch jegliche an mich gerichtete Botschaften, wie etwa die derzeitigen unglücklichen Lebensumstände, entschlüsseln?

Indem ich zuallererst zu jeder Situation und zu allem, was zurzeit los ist, ein einziges Wort verwende: JA.

Mit diesem Wort nehme ich an, was ist, und öffne mich für die Bereitschaft, dem Ganzen tief auf den Grund zu gehen.

Mit dieser Bejahung treffe ich die bewusste Entscheidung, Geschehnisse aus verschiedenen Blickwinkeln zu überprüfen und zu beleuchten.

Ich freue mich auf deine neuen Erkenntnisse und Erfahrungen und wünsche dir von ganzem Herzen viel Glück und Freude.

Deine Marina Metzler

Einleitung

„Die einzige Konstante im Leben ist die Veränderung."
Heraklit von Ephesus

Wir alle genießen es, wenn unser Leben nach einer bestimmten Vorhersagbarkeit, Ordnung und Gemütlichkeit verläuft und wir am Ziel unserer eigenen Wünsche sind. Die vermeintliche Kontrolle über unser Leben zu haben, gibt uns zudem ein Gefühl der Geborgenheit und Sicherheit.

Doch manchmal kommt eine Krise, und die uns lieb gewonnene Gewohnheit ist plötzlich nicht mehr so, wie wir sie kennen bzw. wie sie vorher war. Dadurch kann sich in kurzer Zeit etwas verändern, oder es wird in naher Zukunft ganz anders sein.

Krisen sind ein immer wiederkehrendes Thema in unserem Leben. Scheitern, schmerzvolle Erfahrungen, Verluste, Trennungen – diese Veränderungen kommen jedoch oft ganz unerwartet.

Vielleicht hast du sie unbewusst bereits kommen sehen. Dennoch fühlst du dich durch den harten Schicksalsschlag wie überrollt.

Auch ich kenne das Gefühl von unglaublicher Ohnmacht und brennendem Schmerz: Innerhalb kürzester Zeit brachen die Trennung meiner achtzehnjährigen Ehe, eine Fehlgeburt, die Depressionen, die Übernahme der Fürsorge für beide Kinder sowie die Aussicht auf eine Arbeitslosigkeit unter Hartz-IV-Bedingungen über mich herein.

Damals verlor ich meinen Lebensmut, fiel in ein tiefes Loch und glaubte, dass ich einfach niemals aus diesem Strudel der schweren, erdrückenden Herausforderungen kommen würde.

Ich fühlte mich einfach überwältigt, hilflos und orientierungslos. Und ja, ich bemitleidete mich, haderte mit dem Schicksal und war verbittert, dass es ausgerechnet mich getroffen hatte. Am schlimmsten waren die Gefühle der Scham und die Schuldgefühle mir selbst gegenüber. Diplomatisch ausgedrückt, empfand ich zum damaligen Zeitpunkt gar keine loyale Einstellung zu mir selbst.

Erst später erfuhr ich, dass diese negativen emotionalen Reaktionen auf schwere und unerwartete Lebenskrisen in der Anfangszeit völlig menschlich, normal und unvermeidlich sind. Schließlich wurde ich aus der scheinbar ruhigen Bahn geworfen und musste mich erst einmal auf die neuen Lebensumstände einstellen und neu ausrichten.

Auslöser von Krisen

Krisen sind ein natürlicher Bestandteil unseres menschlichen Lebens. Im Laufe deiner Lebenszeit werden dir viele unterschiedliche Veränderungen mit verschiedenen Auslösern begegnen.

Folgende und oft vorkommende Gründe können Auslöser für Lebenskrisen sein:

- Du siehst einem beruflichen Neustart unsicher entgegen.
- Du hast deinen Job ohne Vorwarnung verloren.
- Du wirst gemobbt.
- Du musst die Insolvenz des eigenen Unternehmens anmelden.
- Du hast hohe Schulden und Existenzängste.
- Du erfährst Rückschläge in bestimmten Lebensbereichen.
- Du hast dich für eine neue Lebensweise, einen neuen qualitativen Lifestyle entschieden.
- Du erlebst einen mentalen Paradigmenwechsel.
- Ein geliebter Mensch ist verstorben.
- Dein Partner hat sich von dir getrennt oder die Scheidung eingereicht.
- Dein Partner hat dich betrogen.
- Du erlebst Gewalterfahrungen in der Familie oder in der Ehe.
- Du erfährst von einer (tödlichen) Erkrankung eines dir nahestehenden Menschen.
- Dir wird eine schwere Krankheit als Diagnose mitgeteilt.
- Du erfährst von deiner unerwarteten Schwangerschaft.

- Deine inzwischen erwachsenen Kinder ziehen aus, und die Familiensituation verändert sich dadurch komplett.
- Du vergleichst dich ständig mit anderen Menschen.
- Du fühlst dich latent unzufrieden.
- Du spürst keine Lust und bist oft antriebslos.
- Du stellst den Sinn deines bisherigen Lebens komplett infrage.
- Du hast das Gefühl, dein Leben zu verpassen.
- Dich überfordert der Stress des Alltags.
- Du hast deine eigenen Bedürfnisse aus den Augen verloren.

Rückwirkend betrachtet, konnte ich aus diesen Lebenskrisen immer etwas Sinnhaftes für mich mitnehmen. Jedoch erschien es mir damals völlig unrealistisch, dass all diese großen Veränderungen im Kern für mich etwas Positives bereithalten würden.

Diese Zeit fühlte sich nach einem großen *Reset* an, der mein bisheriges Leben auf Null setzte. Allerdings entfalteten sich die Dinge nach und nach als Segen für mich und mein Umfeld.

Ich erkannte im Nachhinein, dass jede tiefgreifende Veränderung ein enormes Potenzial für persönliches Wachstum, emotionale Reife und mentale Weiterentwicklung in Form eines Geschenks vom Leben parat hielt.

Natürlich gefiel mir zunächst die Verpackung nicht, als ich dennoch wagte, diese Lebenserfahrung als Lektion anzunehmen, wie sie war, konnte ich diese Krise bewältigen und daran stark wachsen.

Was ist in Wirklichkeit eine Krise?

Aus dem Griechischen (griech. κρίσις krísis), Lateinischen (lat. Crisis) und Chinesischen lernte ich, dass Krise Wendepunkt, Wandlung und Chance bedeutet. Es darf sich etwas wandeln und als Chance zum Neuanfang begriffen werden.

In Wirklichkeit möchte dich das Leben in einer Krisenzeit dazu einladen, dich als die einzigartige, facettenreiche Persönlichkeit sowie wundervolle Frau neu und ganzheitlich kennenzulernen, die du bist.

Es will, dass du deine wahren Bedürfnisse und Herzenswünsche deiner Seele wahrnimmst und dich mit jenem verborgenen Teil in dir (wieder) verbindest, welcher dich durch alle Stürme des Lebens unerschütterlich begleitet.

„Die Gelassenheit ist eine anmutige Form des Selbstbewusstseins."
Marie von Ebner-Eschenbach

Dauerhafter Stress als Krisenvorbote

Im Frühjahr 2021 führte das Versicherungsunternehmen Swiss Life eine Studie zum Thema Stressbewältigung und Erschöpfungsdepression (Burn-out) bei Männern und Frauen durch. Dabei stellte sich heraus, dass 93 % der Frauen in den vergangenen Monaten von Stress betroffen waren und 51 % erlebten häufig Symptome für Burn-out.

Zum Vergleich dazu klagten 84 % der Männer über Stress und gerade einmal 37 % davon über Burn-out-Symptome.

Alarmierend sind zunächst die Zahlen, da bei fast 90 % der rund 3 000 Befragten das Thema Stress ein Dauerbrenner ist. Dazu gesellt sich die Frage, ob dieser chronische Stresszustand schon als Normalität in unserer Gesellschaft wahrgenommen wird.

Ein weiteres Merkmal in dieser und ähnlichen Befragungen war, dass der Anteil an gestressten Frauen deutlich höher ist als der unter Männern.

Doch woran könnte das liegen – reagieren Frauen etwa anders oder gehen sie nur offener mit der Thematik und der daraus oft resultierenden Krise um?

Es ist richtig, dass Frauen und Männer Probleme in Stresssituationen jeweils anders lösen, denn Männer und Frauen sind von Natur aus unterschiedlich.

Beide Geschlechter haben ihre natürlichen, spezifischen Stärken, und zusätzlich gibt es Unterschiede in der Art, wie sie jeweils denken, fühlen, kommunizieren, reagieren, handeln oder nicht handeln.

In der Regel lösen Männer stressbedingte Situationen eher rational, was bedeutet, dass sie ihre Probleme am liebsten allein bewältigen und die Lösung in der Konzentration suchen.

Frauen hingegen lösen Probleme eher intuitiv, das heißt, sie suchen selten konkret die Lösung, sondern wollen dem Thema emotional, also über den verbalen Austausch, näherkommen.

Die Statistiken aus den Studien bringen verstärkt Fakten ans Tageslicht, die darauf hinweisen, dass die Lebensqualität von Frauen durch eine dauerhafte Stress- und oft Überbelastung deutlich gemindert wird.

Welche weiteren entscheidenden Ursachen können dem zugrunde liegen?

Bevor wir uns diesen Aspekten zuwenden, gehen wir tiefer auf das Thema Stress ein.

Was ist Stress?

Hinter dem Phänomen Stress steht ursprünglich ein harmloser, aber lebensnotwendiger Mechanismus, den das Gehirn auslöst, um den Organismus *kurzfristig* besonders leistungsfähig zu machen.

Eines der wichtigen Gehirnareale ist dabei die Amygdala, die das sogenannte *Angstzentrum des Gehirns* ist und bei der Verarbeitung von Emotionen eine große Rolle spielt.

Sie wird aktiviert, wenn unser Gehirn eine neue Situation als Bedrohung interpretiert. Als Reaktion auf die potenziellen Gefahrenreize setzt die Amygdala die Stresshormone Cortisol und Adrenalin frei. Diese sorgen dafür, dass das Herz rascher und kräftiger zu pumpen anfängt, der Blutdruck zu steigen beginnt, der Blutzuckergehalt sich erhöht, die Muskeln für Kraft und Schnelligkeit sich anspannen und die Atmung schneller und flacher wird.

Damit der Körper schnell auf die herausfordernde Situation reagieren kann und dabei dennoch Energie spart, werden im Gegenzug die Verdauung sowie die sexuellen Funktionen in dieser Zeit gehemmt.

Weiterhin wird vermehrt Blut in die Muskeln geleitet, um die Sauerstoffaufnahme der Muskelfasern bzw. deren Energieleistung zu optimieren. **Unser Körper ist in höchster Alarmbereitschaft,** das heißt, er ist auf Kampf bzw. Flucht eingestellt. Manchmal werden im Körper auch „Einfrier"-Reaktionen ausgelöst, sobald bestimmte Emotionen das Handeln blockieren.

Diese kurzfristige Mobilisation des Körpers bewirkt, dass wir Menschen unter Stress aktiv handeln, reagieren und Höchstleistungen vollbringen können. Dies war in der Frühzeit notwendig, da wir im wahrsten Sinne des Wortes vor dem sprichwörtlichen Säbelzahntiger auf einen Baum flüchten mussten.

Darüber hinaus steigern die Stressreaktionen nicht nur die Aufmerksamkeit und Leistungsfähigkeit, sondern setzen unter anderem auch Glückshormone frei, die damit das Selbstvertrauen stärken.

Diese positiv **kurzfristig** wahrgenommene Anspannung wird auch **Eustress**, also positiver Stress, genannt und als stärkend empfunden.

Ebenfalls dazugehören anfänglich als motivierend empfundene Stresssituationen, welche später als Herausforderungen erlebt werden. Sie sind dazu da, dass man sich für kompetent und mutig genug hält, die anstehende Situation erfolgreich zu meistern. Beispiele sind hier die aufgeregte Anspannung eines Sportlers vor einem wichtigen Wettkampf oder die Glücksgefühle bei einem bestimmten persönlichen Ereignis.

Eine kleine Info am Rande: Eustress kann sich schnell in **Disstress,** den negativen und als **dauerhaft empfundenen** Stress, umwandeln. Die Grenzen zwischen Eustress und Disstress sind fließend, was bedeutet, dass zum Beispiel auch eine langwierige positive Herausforderung plötzlich als Disstress wahrgenommen werden kann.

Sobald die Alarmphase vorbei ist, lassen die körperlichen Symptome der Anspannung und Aufregung nach. Die Erholungsphase nach der Stress-Reaktion zeichnet sich durch Entspannung und nachfolgende Erholung aus. Der Körper normalisiert den Hormonspiegel, den Blutdruck und füllt beispielsweise wieder das Energiereservoir der Muskeln auf.

Die Folgen der kurzzeitigen körperlichen Belastung lassen also in der Regel genauso schnell nach, und der Körper schaltet in den Normalbetrieb zurück.

Dieses Umschalten bleibt allerdings mitunter aus, wenn wir uns dauerhaft und langfristig unter Stress fühlen. Bei diesem lang anhaltenden Dauerstress bleibt der Körper in ständiger Alarmbereitschaft bzw. anders ausgedrückt in einem **unbewussten Überlebensmodus.** Zu diesem „roter Alarmknopf"-Zustand im Kopf werden wir noch einige Male in diesem Buch zurückkehren.

Stress löst in diesem Falle ernsthafte körperliche sowie seelische Erkrankungen aus.

Ein kleiner Ausschnitt der typischen Beispiele für Erkrankungen durch dauerhaften Stress oder durch Stress begünstigte

Erkrankungen sind*: *(*https://www.meine-gesundheit.de/krankheit/krankheiten/stress)*

- Herz-Kreislauferkrankungen wie Bluthochdruck, Herzrhythmusstörungen oder Herzinfarkt
- Magen- und Darmprobleme wie Magenschleimhautentzündungen oder Zwölffingerdarmgeschwüre
- Verdauungsbeschwerden wie Durchfall, Verstopfung und Sodbrennen
- Erhöhte Anfälligkeit für Infektionen durch ein geschwächtes Immunsystem
- Kopfschmerzen wie Spannungskopfschmerzen und Migräne
- Viruserkrankungen wie Lippenherpes
- Hauterkrankungen wie Neurodermitis und Psoriasis (Schuppenflechte) sowie Allergien oder Asthma
- (Chronische) Schlafstörung
- Sexuelle Funktionsstörungen
- Psychosomatische Störungen
- Stoffwechselstörungen wie Diabetes oder Schilddrüsenüberfunktion können durch Stress erstmals Symptome verursachen
- Burn-out (Erschöpfungsdepression) und Depressionen
- Soziale Isolation
- Nervosität, Unruhe und Überempfindlichkeit
- Angst sowie diverse Angstzustände
- Tinnitus
- Konzentrationsstörungen
- Bei Frauen: PMS-Syndrom, schmerzhafte Menstruation sowie die Bildung von Myomen u. v. m.

Vielfältige Hauptursachen von anhaltendem Stress

Die befragten Frauen aus der am Anfang vorgestellten Swiss Life-Studie nannten folgende Überbelastungen in Beruf, Freizeit und Familie als Hauptgründe für Stress: Zeitdruck bei der Arbeit (56 %), Menge der anfallenden Arbeit (42 %), fehlender Ausgleich durch Freizeitaktivitäten (35 %), eine unangenehme Arbeitsatmosphäre (24 %), die Angst vor dem Verlust der Arbeitsstelle (17 %), die Arbeit im Homeoffice (14 %) sowie die Kinderbetreuung (6 %).

Auffallend bei dieser Auflistung ist, dass die am häufigsten genannten Gründe sich mit dem Thema „Arbeit" befassen. Dadurch könnte die Annahme entstehen, dass die entsprechenden Tätigkeiten mehr negativen Stress als Freude beim femininen Geschlecht erzeugen.

Natürlich liegt die Wurzel für das individuelle positive oder negative Erleben von Stress, neben den tatsächlichen Belastungen, vor allem in der eigenen Wahrnehmung, der persönlichen Einschätzung sowie einer gedanklichen Bewertung.

Des Weiteren tragen traditionelle Rollenbilder und Geschlechterstereotype von jeher maßgeblich dazu bei, dass die immer wiederkehrenden Stressoren die Lebensqualität der Betroffenen mindern.

Doch widmen wir uns nun der Essenz dieses Buches. 😊

Eine Mini-Testfrage vorweg an dich:

Bitte benenne ganz spontan für dich selbst die Bewertung von ___ % zu ___ % aus 100 %, wie aktuell dein Verhältnis von Verpflichtungen (deine „Ich muss dieses oder jenes tun …") zu Genussfreuden (deinen „Ich will …") für dich stehen.

Die Auflösung dazu wird sich dir im Zuge des nächsten Kapitels offenbaren. 😉

Das männliche und das frauliche Prinzip in Mann und Frau

Als die Natur die menschlichen Wesen in Form von Mann und Frau **unterschiedlich** erschuf, hegte sie sicherlich die allerbesten Absichten.

Die Entstehung selbst beruhte auf einem universellen Prinzip, das für jeden Menschen gleichermaßen Gültigkeit hat, *das Gesetz der Polarität.*

Unser ganzes Leben besteht aus Gegensatzpaaren. Wir unterscheiden zwischen Sonne und Mond, Mann und Frau, Kopf und Herz, Verstand und Intuition, rechts und links, Tag und Nacht, hell und dunkel, hart und weich, aggressiv und friedlich, außen und innen, oben und unten, einatmen und ausatmen, geben und empfangen, machen und sein und vieles mehr.

In all diesen Gegensätzlichkeiten findet sich ein grundlegendes Polaritätspaar, das wir als das männliche und das frauliche Prinzip bezeichnen. Diese beiden Kräfte stehen sich in einer ständigen Wechselbeziehung als scheinbare Gegensätze gegenüber.

Scheinbar deshalb, weil diese beiden Pole sich gegenseitig bedingen, **ergänzen** und weil die eine Seite nicht ohne die andere existieren kann. Ähnlich wie der Plus- und Minuspol beim Wechselstrom kann Strom (also Energie) erst fließen, wenn beide Pole vorhanden sind.

Folgende Tabelle gibt dir noch weitere Einblicke über die beiden Prinzipien:

Männliches aktivierendes Prinzip	Frauliches empfangendes Prinzip
Licht	Liebe
Machen	Sein
Tun	Muße
Tat	Inspiration
Kopf	Herz
Denken	Fühlen
Verurteilen	Mitfühlen
Ordnung	Wandlung
Fokus	Impuls
Verstand	Intuition

Anstrengung	Regeneration
Analysieren	Betrachten
Kontrollieren	Vertrauen
Ablehnen	Annehmen
Nein	Ja
Konkurrieren	Zusammenarbeiten
Arbeiten	Spielen
Geben	Empfangen
Zeugen	Gebären
Einatmen	Ausatmen
Anspannen	Entspannen
Erschaffen	Pflegen
Zerstören	Bewahren
Macht	Hingabe
Stark sein	Schwach sein
Kämpfen	Lieben
Ungeduld	Gelassenheit
Entscheiden	Geschehen lassen
Außenwelt	Innenwelt

Beide Seiten einer Medaille sind gleichermaßen wertvoll und in jedem Menschen vorhanden.

Zudem wollen diese Prinzipien sowohl von Männern als auch Frauen gelebt und erlebt werden.

Der Unterschied liegt nur darin, dass beide Geschlechter jeweils einen eigenen naturgemäßen Zugang zu den Prinzipien haben.

Der Mann hat, weil er ein Mann ist – einen tieferen Zugang zum männlichen Prinzip. Die Frau hat entsprechend, da sie eine Frau ist – einen tieferen Zugang zu ihrem fraulichen Prinzip.

Für beide ist es wichtig herauszufinden, welche der beiden Prinzipien bisher weder vollständig ausgelebt, unterdrückt oder sogar abgelehnt werden. Diese gilt es in sich selbst (wieder) zu entdecken, zu entwickeln und nach und nach zum Ausdruck zu bringen.

In Zahlen ausgedrückt, stattet die Natur den Mann mit einer 9-fach höheren Rationalität aus, um bestimmte männliche Aufgaben, Herausforderungen und Gefahren in der Außenwelt (Öffentlichkeit) mit einer Kombination aus scharfem Verstand und physischer Kraft zu meistern – eine Qualität der Schaffungskraft.

Frauen hingegen schenkte die Natur eine 9-fach höhere Emotionalität, damit sie durch die Verbindung zu ihrer Innenwelt und mit erleichtertem Zugang zu ihrem Herzen, in Liebe und Leichtigkeit mit sich selbst und dem Umfeld leben und inspirierend sein kann. Das ist eine Qualität der Liebe.

Dieses Prinzip von 90 % zu 10 % offenbart sich auch im sogenannten Yin-Yang. Beide Seiten enthalten zusätzlich einen Punkt in der Farbe des jeweils anderen Feldes, der den im Bereich enthaltenen Gegenpol darstellt. Die beiden Hälften verdeutlichen die Gegensätze, welche wir brauchen, um dieses Leben auf dem Planeten Erde und in unseren Beziehungen zu einem selbst sowie als Mann bzw. Frau, gesund, glücklich, dankbar, erfolgreich und erfüllt zu leben.

An dieser Stelle würde mich nun aufrichtig interessieren, welches Ergebnis du dir im Mini-Test notiert hast. Welcher Anteil überwiegt derzeit bei dir – der „Muss"- oder „Will"-Anteil?

Diese einfache Frage stelle ich mittlerweile sehr vielen Frauen in meinem Umfeld. Zu meiner Verwunderung klagten, unabhängig von ihrer Berufs- und Lebenssituation, ca. 90 % der Frauen (mich damals eingeschlossen), dass ihr Leben überwiegend aus Verpflichtungen, Überforderungen, Überverantwortlichkeiten, latentem Stress und irgendeinem undefinierbaren Druck bestehen würde.

Mit anderen Worten kann man sagen, dass diese Aussagen dazu tendieren, dass ein Prinzip einseitig *unbewusst* gelebt wird. Wenn auf der energetischen Ebene ein Zustand der „kritischen Masse" auf nur einer Seite des Pols erreicht wird, tritt ein weiteres Lebensgesetz, *das Gesetz des Ausgleichs*, ein. Ganz gleich, ob wir dieses universelle Prinzip kennen oder nicht, es wirkt ununterbrochen in unserem Leben fort und trägt überdies zum dynamischen Gleichgewicht im ganzen Universum bei. Denn der Ur-Zustand des Universums ist die Harmonie. Der Fluss allen Lebens heißt Liebe und alles strebt nach Balance.

Das Prinzip der Harmonie erzeugt als Gesetz des Ausgleichs dynamische Kräfte zwischen den zusammengehörenden Polaritätspaaren und stellt somit das harmonische Gleichgewicht wieder her.

Alles ist beides.

Das bedeutet, jedes Mal, wenn du eine extreme Emotion fühlst, erschaffst du damit auch das Gegenteil in gleicher Form. Eine Art Zwillingsemotion. Für jeden Grund, aus dem du beispielsweise traurig bist, gibt es auch einen Grund, glücklich zu sein.

Wenn du das realisierst und das Leben aus dieser Perspektive sehen kannst, wirst du erkennen, dass die Einseitigkeit lediglich eine Illusion ist. Sie ist nicht die Wahrheit. Du kannst dann die Welt erkennen, wie sie wirklich *in der dritten Dimension, das heißt in der Welt der Dualität* ist: ein vollständig ausgeglichenes System.

Gleichzeitig kannst du dabei die Freiheit erleben, aus dieser permanenten „emotionalen Spirale“ aus Krisen sowie Disstress-Zeiten bewusst auszusteigen.

In diesem *emotionalen Spannungsfeld* zwischen den beiden Polen sowie des permanenten Hin- und Herpendelns von z. B. von Zorn zu Sanftmut, von Neid zu Gunst, von Angst zu Mut usw., wird viel Lebensenergie verbraucht!

Das erklärt unter anderem auch das kollektive Phänomen des „dauerhaften Stresses“ das sowohl Männer als auch Frauen in unserer Gesellschaft erfasst.

In solchen Momenten wird nämlich die Energie dazu verwendet, das Ganze zunächst aus ihrer Einheit zu trennen, nur damit anschließend wieder tonnenweise kostbare Lebensenergie verbraucht wird, um die jeweiligen Pol-Paare zusammenzuziehen und zu einem harmonischen Ganzen zu vereinen. Uff ...

Wenn du dir erlaubst, beide Polaritäten gleichzeitig als Ganzes in dir wahrzunehmen (also das Positive *und* das Negative), dann bist du sofort viel ausgeglichener und gelassener. Öffnest du dich dem Universum vertrauensvoll, kannst du dessen liebevolle und zu deinem höchsten Wohl durchdachten Philosophie in jeder deiner Lebenssituation erkennen. Alles ist Liebe.

Die Würdigung des fraulichen Prinzips

In den letzten Jahrtausenden haben sämtliche Gesellschaften, Kulturen und Religionen dieser Welt das Gleiche getan: Sie haben die Frau in einer Unterkategorie eingeordnet, zu einem Menschen zweiter Klasse gemacht, die dem Mann nicht gleichgestellt ist.

Frauen wurde und wird noch immer viel Unrecht, Leid und Gewalt angetan. Auch viele der Grundrechte wurden ihnen ohne die entsprechend fundierte Begründung entzogen.

Durch diese zwangsgesteuerte Unterdrückung blieb vielen Frauen nichts anderes übrig, als sich dem Ganzen zu fügen, unterzuordnen und anzupassen.

Da Frauen unter diesen Umständen naturgemäß die Kinder zur Welt brachten, wurden diese daraus resultierenden Gedanken-, Reaktions- und Verhaltensmuster an die nächsten Generationen „vererbt". Daraus entwickelte sich nach und nach ein kollektives Szenario, in dem der Mensch sich immer mehr angewöhnte, **einseitig** zu leben, da die männliche Art dominiert.

Diese männliche Art war und ist geprägt durch die Dominanz des Denkens, des rationalen Verstandes und des Strebens nach Macht. Das Patriarchat wurde geboren und mit ihm die Überbetonung männlicher Qualitäten mit dem auf Fokus auf Machen, Tun, Arbeiten, Ziele verfolgen, Kontrollieren, Anstrengen, Wachsen, Planen und Expandieren in einem fortwährenden Kreislauf.

So wurde eine Welt erschaffen, welche mittlerweile auf gnadenlose Effizienz, enorme Geschwindigkeit, die Technisierung und Normierung jedes Lebensbereichs, das Streben nach immer mehr Materiellem, ständige Erreichbarkeit und permanenten Optimierungs- sowie Leistungsdruck ausgerichtet ist.

Demzufolge wurden die meisten von uns von Kindesbeinen an und durch unser soziales Umfeld darauf konditioniert, in unserer Gesellschaft zu funktionieren.

Tragischerweise haben wir uns dadurch von unseren eigenen Bedürfnissen entkoppelt. Wir haben den Sinn unseres Tuns und Daseins als Menschen aus den Augen verloren. Weil weibliche Eigenschaften unbewusst abgewertet werden, geben wir ihnen und uns selbst wenig Raum für Fühlen, Entspannen, Geschehenlassen, Leichtigkeit, Genießen, Muße, Kreativität, Flow, Fülle, Spielen, Hingabe, Fröhlichkeit, Träumen, Intuition und das Vertrauen in unser Leben.

Abgeschnitten von dieser natürlichen Verbindung zu uns selbst und unserem Wesen, zur inneren Mission, zu unserem Warum, fühlen wir uns häufig unerklärlich getrieben, gestresst, sind unruhig, angespannt und reizbar und in permanenter Angst nicht genug zu leisten, zu wissen und zu schaffen.

Kommen wir dann in einem Moment zur Ruhe, spüren wir die tiefe Leere in uns. Für die meisten Menschen fühlt sie sich mindestens genauso unangenehm und unerträglich an wie zuvor die Zeiten, in denen wir „beschäftigt" waren.

Auch wenn sich viele der ähnlichen Mechanismen in unserer Gesellschaft verselbstständigt haben, geht es hier nicht um das vordergründige Verhältnis zwischen Männern und Frauen oder um die „Gleichberechtigung" der Geschlechter. Es geht auch nicht darum, wie viel Macht, Einfluss und Autorität die Frau in unserer modernen Gesellschaft wirklich hat oder vielmehr haben sollte.

Hier geht es schlicht und ergreifend um die **Würdigung des fraulichen Prinzips** sowie die Wiederherstellung des natürlichen Gleichgewichts der männlichen und fraulichen Kräfte in den Menschen.

Emanzipation versus Wahre Fraulichkeit

Das Wort Emanzipation stammt aus dem Lateinischen und bedeutet so viel wie „eigenständig werden". Zudem bezeichnet es einen Prozess der Befreiung aus der Unmündigkeit und Abhängigkeit bzw. die Verwirklichung der Selbstbestimmung.

In unserem Sprachgebrauch wird „Emanzipation" meist in Bezug auf die Rechte der Frauen in der Gesellschaft, Wirtschaft und Politik angewendet. Die bedeutungsvolle Absicht dazu beruht auf der Anerkennung der Gleichberechtigung zwischen Männern und Frauen, welche 1949 im Grundgesetz verankert wurde.

Diese daraus entstandene Frauenbewegung konnte in den letzten Jahrzehnten viele Erfolge erzielen. Daher ist es inzwischen in vielen, hauptsächlich westlichen Ländern selbstverständlich, dass Frauen bei den Wahlen ihre eigene Stimme abgeben, sich den gewünschten Beruf aussuchen, Karriere machen, den Menschen für eine Liebesbeziehung selbst aussuchen, beim Kinderwunsch mitentscheiden, ein eigenes Bankkonto eröffnen und den Kleidungsstil selbst bestimmen dürfen. Das gab uns in den letzten Generationen auch mehr Selbstbewusstsein im „Frausein".

Die Gleichberechtigung zwischen Mann und Frau und die Emanzipation der Frau ist das wohl Wichtigste und Beste, was die Menschheit in vielen Teilen der Welt erreichen konnte.

Diese durch die Frauen teilweise hart erkämpften Errungenschaften waren die Grundlage für alles Weitere.

Dennoch gibt es den Unterschied zwischen Emanzipation und der „Wahren Fraulichkeit", denn rückblickend war die Frauenbewegung nur eine notwendige Gegenbewegung zur männlichen Energie, die aus Wut, Angst und Unterdrückung entstand.

Eine Energie, die lange unterdrückt beziehungsweise einseitig benutzt wird, ist nie ausgeglichen, sondern befindet sich im Gegenteil – im Extrem. Nach einer sehr langen Phase, in der Frauen alle elementaren und als selbstverständlich angesehenen Grundrechte entzogen wurden, entstand eine Entwicklung vom Opfer zum Täter.

Die verletzte Weiblichkeit benötigte einen im übertragenen Sinne „Raum für Heilung". Diese Phase der Emanzipation war ein „Weg in die Freiheit", in der gleichzeitig die Heilung und die Entfaltung des „Wahren Frauseins" stattfanden.

Mit anderen Worten: Es entstand zunächst eine Parallelwelt, in der sich die Frauen jedoch unbewusst mit männlichen Eigenschaften ausstatteten, beziehungsweise die bei ihnen bereits vorhandenen noch mehr betonten, um in dieser männerdominierten Welt nach deren „männlichen Spielregeln" mitwirken zu können.

Sie begaben sich dadurch jedoch auf den einseitigen männlichen Weg und haben ihr Leben voll dem Kampf gewidmet. Damit lehnten sie zudem **kollektiv und unbewusst** den Weg ab, den ihre Mütter ihnen in Kindheit und Jugend vorgelebt hatten, wie:

- dass das Frauenleben kein Zuckerschlecken ist
- dass das Frausein nicht schön ist
- dass es zuerst die Arbeit und irgendwann vielleicht mal das Vergnügen geben wird
- dass sie bei der Arbeit zu einem fleißigen „Mann-Weib" mutieren

- dass sie vor allem mit Männern konkurrieren, sich mit ihnen vergleichen und wetteifern müssen
- dass sie viele männliche Aufgaben und Verpflichtungen im Privaten und Beruf übernehmen und sich dabei vollkommen verausgaben
- dass sie ihren Stolz oft einseitig aus den eigenen Leistungen beziehen
- dass sie sich oft chronisch mit Doppelbelastungen durch Familie und Beruf überfordern und ständig dabei sind, etwas zu tun, zu managen, zu organisieren und abends erschöpft ins Bett fallen
- dass sie sich für die Familie, für die Kinder, für den Partner und oft auch für die Eltern aufopfern
- dass sie die anderen Menschen oft „zwangsbeglücken" beziehungsweise sich als Heldin oder Retterin aufspielen
- dass sie die Verantwortung Fremder sich selbst aufbürden, da sie nicht „Nein" sagen können
- dass sie alles unter Kontrolle haben wollen und ihren strengen Regeln unterwerfen
- dass sie sich in Angelegenheiten von Familienmitgliedern und anderen Menschen unaufgefordert einmischen sowie persönliche Grenzen regelmäßig überschreiten
- dass sie sich selbst und ihre eigenen Bedürfnisse und Wünsche nicht wichtig nehmen, diese eventuell gar nicht kennen oder diese zum größten Teil ignorieren
- dass sie sich nicht selbst, ihre Bedürfnisse, Wünsche und Hobbys in den Mittelpunkt ihres Lebens stellen
- dass sie keine Selbstfürsorge und Selbstliebe pflegen
- dass sie sich häufig für ihre weiblichen Geschlechtsorgane und den natürlichen Zyklus schämen
- dass sie ihre Sexualität bzw. ihre Weiblichkeit aus verschiedenen Gründen nicht genießen können
- dass sie sich keine Zeit für Muße, Genuss oder einfaches Nichtstun nehmen
- dass sie wenig lachen und oft mit sorgenverzerrtem Gesicht wahrgenommen werden

- dass sie sich oft abhetzen und unbewusst ein unruhiges, diffuses Umfeld um sich selbst erzeugen
- dass sie keine emotionale, liebevolle Nähe und Bindung zu ihren Angehörigen herstellen können
- dass sie keine anerkennende, respektvolle und wertschätzende Einstellung zu ihrem Mann, dem Vater und den Männern im Allgemeinen haben
- dass sie ihren Mann als „Kind“ in der Beziehung bzw. in der Ehe bezeichnen
- dass sie vor allem ihre Kinder und ihr Umfeld durch ihr Leiden, Klagen und Jammern belasten und damit Schuldgefühle auslösen
- dass sie kein Vertrauen zum Leben haben und keine Lebenslust verspüren
- dass sie unbewusst versuchen „die besseren Männer“ zu sein

So entschieden sich viele Töchter, es ganz anders oder gleich besser machen zu wollen als ihre Mütter bzw. die beträchtliche Anzahl von Frauen (schätzungsweise bis zu 30 %) „eigentlich ein Junge hätte werden sollten“.

Die Strategie dieses anderen Weges bleibt dennoch meist unbewusst eine männliche und dient nur dazu, anders zu sein als die eigene Mutter. Damit einhergehende Fragen sind z. B.: Werde ich einfach „anders“ sein, mich mehr anstrengen, auf andere Art fleißig sein, möglichst selbstständig und unabhängig von einem Mann sein, alle Dinge selbst in die Hand nehmen, meine Lebenszeit besser organisieren, planen und damit allen irgendwann beweisen, dass ich eine starke, unabhängige und unverwundbare Frau bin?

Doch was passiert eigentlich im Gehirn, wenn wir etwas oder genauer „uns selbst“ in unserem Leben ablehnen? Erst durch den Fokus manifestiert sich genau dieses verstärkt in unserem Leben. Denn auch hier greift das universelle Lebensgesetz bezüglich des Ausgleichs ein. Mit anderen Worten, man wird zu dem Menschen, den man ablehnt. Solange Menschen gegen bestimmte sogenannte Schwächen bei sich selbst oder bei anderen bzw. gegen bestimmte

Lebensumstände ankämpfen, bekommen sie vom Leben immer wieder sich ähnelnde Resultate „serviert".

Als Ergebnis dieser Entscheidungen und den entsprechenden Handlungen leben Frauen heute ein „männlich geprägtes" Leben, das mit Erfolg, Unabhängigkeit und Attraktivität gleichgesetzt wird.

Aus der weiblichen Perspektive sind Frauen innerlich hart geworden, haben häufig eine negative, verurteilende Einstellung zu ihrem Körper, hegen oft einen ungesunden Perfektionismus und hohe idealistische Ansprüche an sich selbst und dem Leben gegenüber, „pflegen" ein ablehnendes Verhältnis zur eigenen Feminität und fühlen sich tief unglücklich.

Zu all diesem Status quo gesellt sich noch der Fakt, dass sich ihr Amygdala- Gehirnareal aufgrund ihrer natürlichen hohen Emotionalität in ständiger Alarmbereitschaft, sprich: im dauerhaften „Krisenzustand", befindet.

Infolgedessen zeigen Frauenkörper in den letzten Jahren vermehrt die Spuren dieser ungesunden Entwicklung, und wir erkranken zunehmend an den weiblichen Organen.

Zeit der Verwandlung

Es gibt Zeiten im Leben einer Frau, in der sie sich fragt, ob es noch mehr gibt als das, was sie bisher gelebt und erlebt hat. Gerade in Krisenzeiten tun sich häufig solche Sinnfragen, Sehnsüchte sowie Wünsche nach Neuorientierung auf.

Solche Phasen des Wandels laden zum Reflektieren ein. Häufig taucht dabei der Satz auf „Ich möchte mehr meine Fraulichkeit leben", denn oft standen das bewusste Wahrnehmen und die Verbindung zum eigenen Frausein bis dahin eher hinten an. Dazu tragen unter anderem zahlreiche soziale Einflüsse aus den Medien wie bestimmte Schönheitsideale oder auch eigene traumatische Erlebnisse in Verbindung mit der eigenen Fraulichkeit bei.

Was ist denn eigentlich genau die „Wahre Fraulichkeit"?

Zum einen ist die eigene Weiblichkeit etwas sehr Individuelles und zum anderen gilt es, das Frausein für sich selbst immer wieder aufs Neue zu entdecken.

Aus der Sicht der Natur betrifft das Frauliche vor allem unsere Innenwelt, d. h. unsere Gefühle, die Intuition und besonders unser Herz.

Jede Frau hat als Trägerin des femininen Prinzips diese allumfassende, überfließende Liebe in sich.

Die Frau repräsentiert selbst die bedingungslose Liebe als die Urquelle des Universums.

Indem sie sich über diesen Schatz und damit über die Liebe in sich bewusst wird, *beschenkt sie sich zunächst selbst* und verwandelt sich zu einer strahlenden, gesunden und glücklichen Frau.

Nun stellst du dir vielleicht die Frage, wie du den Zugang zur eigenen fraulichen Urkraft findest.

Für alle diejenigen, die bereit sind, sich auf die Reise zu sich selbst und in das eigene Innere zu begeben, habe ich ein „Lebensmeisterin-Reiseköfferchen“ als Geschenk vorbereitet.

In ihm befinden sich drei magische und machtvolle Instrumente beziehungsweise die Schlüsseleigenschaften, welche dich dabei unterstützen, die Aufgaben und alle Veränderungen in deinem Leben mit Gelassenheit und Anmut zu meistern.

Hast du darauf Lust? 😉

Das magische „Lebensmeisterin-Reiseköfferchen“

„Probleme kann man niemals mit derselben Denkweise lösen, durch die sie entstanden sind.“
Albert Einstein

Die Macht des bewussten Denkens

Es ist soweit, im Gedanken und mit viel Liebe überreiche ich dir nun deinen Lebensreisekoffer. Du nimmst diesen dankbar entgegen und öffnest ihn mit viel Entdeckungsfreude. *„Was darin wohl enthalten ist?“, fragst du dich, während du darin stöberst.*

Im Reisekoffer liegen 3 rote Briefumschläge ...

Auf dem einen steht die Zahl 1. Und schwups hast du ihn schon voller Neugier geöffnet. **„MINDSET"** liest du dir daraus laut vor ...

Mindset kommt aus dem Englischen und steht für eine Kombination aus Denkweise, Gesinnung, Haltung, Mentalität, Weltanschauung sowie Lebensphilosophie. Im Grunde genommen handelt es sich hier um *die Innere Einstellung* jedes Menschen.

Unsere innere Einstellung zu bestimmten Themen ergibt sich aus den Gedanken und Gefühlen, geprägt von den eigenen sowie übernommenen Erfahrungen.

Darüber hinaus werden wir von sozialen Werten, Normen, Prägungen und Konditionierungen beeinflusst. Die Schlüsse, die wir aus diesen Lebenserfahrungen ziehen, beeinflussen wiederum unser Handeln und damit die daraus resultierenden Ergebnisse.

Warum bekommen wir manchmal ein vom ursprünglichen Wunsch abweichendes Resultat? Wiederholen sich „gleiche Probleme" auf unerklärliche Weise immer wieder, verbergen sich hier **unbewusste Einstellungen** zu Ereignissen aus der Vergangenheit? Daher ist es egal, ob es sich um gesundheitliche (Krankheiten), zwischenmenschliche (Konflikte) oder finanzielle (Existenzängste) Aspekte handelt.

Diese werden in unserem Unterbewusstsein aufbewahrt. **Das Unterbewusstsein** ist ein inneres Archiv, in dem all unsere Lebenserfahrungen und tiefen Überzeugungen mitsamt den Informationen über unser gesamtes Leben gespeichert sind.

Um es prägnant zu veranschaulichen, eignet sich dafür das Bild eines Eisberges hervorragend. Das eigene individuelle Unterbewusstsein ähnelt dem unsichtbaren Teil eines Eisberges von ca. **90 %,** der sich unter Wasser befindet.

Die restlichen rund **10 %** hingegen kontrollieren unser **Bewusstsein** und damit den sichtbaren Teil des imaginären Eisberges.

Demnach hat unser Unterbewusstsein einen weitaus größeren Einfluss in Bezug auf unser Verhalten sowie unsere gedanklichen, gefühlten und körperlichen Reaktionen, als wir es uns wünschen und vielleicht vorstellen können.

Wie können wir dennoch unsere bewussten Wünsche und unbewussten Überzeugungen in eine harmonische Übereinstimmung bringen?

Schlüsselmoment ♥ Indem wir unser Unterbewusstsein zu unserem Verbündeten machen.

„Ob du denkst, du kannst es nicht oder du kannst:
Du wirst auf jeden Fall recht behalten."
Henry Ford

Die Wirkung der Gedanken

Laut zahlreichen Studien von Wissenschaftlern und Quantenphysikern [1] kursieren im Schnitt 70 000 Gedanken tagtäglich in unserem Gehirn. Die meisten davon laufen unbewusst ab, was bedeutet, dass wir nicht einmal merken, wie viele von ihnen uns innerlich bremsen und dadurch unsere Motivation blockieren.

Schleicht sich zum Beispiel ein Gedanke wie etwa „Ich bin nicht wertvoll" in unser Bewusstsein ein und „schenken wir ihm Glauben", ohne den wahren Inhalt zu hinterfragen, so verwandelt sich dieser anfangs noch harmlose Gedanke zunehmend in eine feste Überzeugung.

Dies geschieht bereits in unserer frühesten Kindheit. Da der Zugang zu unserem intuitiven Unterbewussten in den ersten 7 Lebensjahren offen ist, sickern hier alle und zum größten Teil unreflektierten Glaubenssätze und Überzeugungen tief in unser Unterbewusstsein ein. Daher übernehmen eigentlich die Gedanken unseres sozialen Umfeldes für viele Jahre und sogar Jahrzehnte unser Steuerkommando und bilden damit unsere Wirklichkeit.

Somit sind unsere Gedanken in erheblichem Maße dafür verantwortlich, wie wir uns selbst, die Menschen um uns herum und die Welt an sich wahrnehmen.

Deshalb sind diese mit dafür verantwortlich, welche Erfahrungen wir in Zukunft erleben.

Gedanken sind Energien. Das Wort Energie kommt aus dem Griechischen und bedeutet so viel wie „wirkende Kraft". Ein weiteres universelles Lebensgesetz, das Gesetz der Anziehung, besagt, dass jeder Gedanke, den wir denken, entsprechende Erfahrungen nach sich zieht.

Je stärker der Gedanke und die damit verbundenen Emotionen[2] und Gefühle, desto intensiver ist die Schwingung bzw. die Frequenz, die der Gedanke aussendet. Im gleichen Maße kommt die Resonanz als Echo und liefert uns die passende Lebenserfahrung, das heißt die, die dieser Schwingungsfrequenz entspricht.

Um dir das etwas besser vorstellen zu können, denke an folgendes Bild: Jeder Mensch stellt gleichzeitig einen Sender und einen Empfänger, ähnlich wie ein Radio, dar. Der gegenwärtige Gedanke, egal, ob Absicht, Wunsch, Vorstellung, Überzeugung oder Erwartung, d. h. einfach alles, was die Person in sich trägt, sendet entsprechende Frequenzen aus. Diese ziehen passende Energien, also andere Personen oder Ereignisse gleicher oder ähnlicher Energie, in ihre Welt.

Schwingt unser Gegenüber in einer uns ähnlichen Schwingung, so empfinden wir es als sympathisch bzw. es wirkt auf uns anziehend. Andererseits kann auch *etwas in unserem* Verhalten bei anderen Menschen bestimmte Eigenschaften zutage fördern oder auslösen.

Ob bewusst oder unbewusst, bei allen Erfahrungen, die wir machen, wirken wir immer mit.

Wir selbst gestalten unsere Lebenserfahrungen durch die Wahl unserer Gedanken.

Hier kommt eine positive Nachricht, denn wir können jederzeit lernen, die Kontrolle über die eigenen Gedanken zu übernehmen, um sie sanft in die von uns gewünschte Richtung zu lenken.

Learning by Doing.

Es wird nun Zeit für die Praxis, denn, wie sagt Swami Sivananda so schön: „1 Gramm Praxis ist mehr wert als 10 Tonnen Theorie."

Achtsamkeitsübung: „Unkraut jäten"

Angenommen, du hast im Frühjahr in deinem eigenen Garten ein Blumenbeet mit unterschiedlichsten Pflanzen angelegt. Du hattest Erfolg damit, und die bunten Blumen wachsen und gedeihen. Nach einiger Zeit sprießt jedoch mal hier und mal da etwas Unkraut hervor. Kommst du nun, aus welchen Gründen auch immer, nicht zum Unkraut jäten, verwandelt sich das einst schöne Blumenbeet in undefinierbares Gestrüpp.

Zu diesem „Inneren Garten" werden wir im Laufe des Buches noch des Öfteren zurückkehren ...

90 % der unbewussten Gedanken gehören nicht uns und dennoch beeinflussen sie all unsere Lebensbereiche bzw. -situationen.

Die folgenden Methoden mitsamt den Achtsamkeitsübungen werden dir helfen, zunächst eine harmonische Kommunikation zwischen deinem Unterbewusstsein und dem Bewusstsein herzustellen.

Mit dieser Methode kannst du die unbewussten „Unkraut"-Gedanken aufspüren, um sie zu jäten.

Diese Achtsamkeitsübung, die auch „Rendezvous mit dem eigenen Unterbewusstsein" genannt wird, sollte über einen Zeitraum von 7 Wochen integriert werden. Am besten eignet sich hierfür morgens direkt nach dem Aufstehen, da du hier den „wahren" Gedanken, welche momentan in deinem Denken überwiegen, transparent und ehrlich begegnen kannst.

Anleitung:

- Lege am Abend zuvor Stift und 3-5 unbeschriebene DIN-A4-Seiten direkt auf deinem Nachttisch bereit.
- Stelle dir für jeden Tag deinen Wecker **circa 30 Minuten** vor der eigentlichen Aufstehzeit und reserviere diese Schreibzeit für dich.
- Diese Seiten sollten auf jeden Fall **handschriftlich** verfasst werden.
- Es gibt keine Regeln, wie, was und worüber du schreibst.

- **Schreibe einfach los** – ohne Unterbrechung, ohne Punkt und Komma, erst recht ohne Rechtschreibregeln und vor allem, ohne dir vorher Gedanken über Thema und Stil zu machen.
- Nachdem du die ersten **3-5 DIN-A4-Seiten** vollgeschrieben hast, lege den Stift weg.
- Schreibe nur in Ausnahmefällen, d. h., wenn du spürst, dass manche Sachen noch von der Seele müssen, weiter. Nimm dir dafür zusätzlich Zeit und Raum.
- Praktiziere dieses morgendliche Ritual **jeden Tag.**
- Im Grunde geht es darum, den eigenen Bewusstseins- und **Gedankenstrom aus deiner momentanen Innenwelt aufs Papier zu bringen**.
- Alles, auch die kritischen und destruktiven Anteile sollen niedergeschrieben werden. Wenn es dich beruhigt, kannst du diese Seiten danach zerreißen oder verbrennen.
- Nach kurzer Zeit schon wirst du bemerken, wie viele der störenden, negativen **Gedanken** als eine Art „Schattenseiten“ **sichtbar werden.** Das gilt auch für die versteckten Formen von Angst, Sorgen **und** destruktiven **Emotionen**.
- Indem du regelmäßig deinen tatsächlichen Gedanken und Emotionen Aufmerksamkeit schenkst, wirst du immer geübter darin, deine eigene Innenwelt besser und geschärfter kennenzulernen. Dadurch wird es dir zunehmend leichterfallen, mentale und emotionale Blockaden zu lösen**, Zugang zu Erinnerungen und zum schöpferischen Potenzial** zu gewinnen und neue, zuversichtliche Perspektiven zu entwickeln.
- Wichtig: Indem du diese 30 Minuten **für dich** täglich planst, zeigst du **Wertschätzung deiner eigenen Innenwelt gegenüber** und wirst immer kreativer und gelassener.
- Probiere es aus und bleibe dran an dieser Art der **mentalen Gedankenhygiene**, um dein eigenes Mini-Wunder zu erleben.
- Nach Ablauf der 7 Wochen kannst du darüber entscheiden, ob du dieses **transformative Ritual** weiterhin täglich, wöchentlich oder nach Bedarf beibehalten möchtest.

Als ich mit dieser Art des intuitiven Schreibens anfing, fühlte ich zunächst sehr viel Widerstand und Unruhe in mir. *Was soll das Ganze? Wozu soll es gut sein? Dazu fällt mir eh nichts ein. So eine langweilige Sache. Meine Güte, soll ich denn wirklich immer solchen Quatsch aufschreiben? Mir fällt heute nichts ein. Es geht mir doch blendend, warum also schreiben? Gut, in manchen Lebensbereichen könnte es besser sein, aber …*

Das waren noch die harmlosesten Floskeln, welche ich hier aufzähle. Als ich dennoch ausdauernd beim Schreiben blieb, bröckelte irgendwann der Schutzwall, und was da aufs Papier floss, ließ mich erschaudern, schluchzen, manchmal vor Wut beben oder vor den Ängsten erschaudern. An manchen Tagen wurde ich regelrecht vom Groll überrollt oder einer seltsamen Traurigkeit übermannt. Trotzdem ließ ich einfach alle diese Energien ohne irgendwelche Bewertungen und Abwertungen zu.

Die ersten Wochen fühlten sich an, als hätte ich einen „mentalen Muskelkater". Ich spürte, wie unangenehm, wund und verletzlich manche Gedanken waren, und es fand eine Art Erstverschlimmerung statt, wie es so schön im medizinischen Sinne heißt.

Seltsamerweise schien diese Erstverschlimmerung bei mir ewig nicht aufhören zu wollen; im Gegenteil, sie wurde mit jedem

Morgen nur noch intensiver. Da ich jedoch durch die Schreibroutine in einem fast noch schlafenden Modus die „mahnende, verzweifelte Stimme aus dem unbewussten Komfortzonenbereich“ ignorieren konnte, wurde Schicht für Schicht mein Innerstes freigelegt.

Allmählich klärten sich viele Sachverhalte durch die im Schreibprozess entstandenen Erkenntnisse. Als ein weitaus größeres Geschenk erwies sich, dass ich durch diese Methode bzw. in Kombination mit weiteren lernte, dass ich **aus eigener Kraft** heraus schwierige oder herausfordernde Situationen in meinem Leben **selbstwirksam und kompetent meistern** kann.

Achtsamkeitsübung: „Meine persönliche Stress-Liste“

Bei dieser Übung handelt es sich um eine Bestandsaufnahme deiner persönlichen Stressfaktoren im Alltag, die dir nicht guttun und welche in dir unangenehme Gefühle hervorrufen.

Aus diesem Grund ist es daher wichtig, die eigene Belastung des Ist-Zustands genau und ehrlich zu analysieren. Erst durch die bewussten Wahrnehmungen der individuellen Stress auslösenden Faktoren können auch bewusste Entscheidungen getroffen werden, die aktuellen Bedingungen aktiv und langfristig zu verändern.

Dazu empfiehlt es sich, und es ist sinnvoll, alle „unscheinbaren“, „banalen“, „nicht der Rede wert“-Gegebenheiten oder Situationen schriftlich festzuhalten und an einem für dich gut sichtbaren Ort aufzuhängen.

Bitte führe diese Liste als eine nach unten offene Liste, damit sie jederzeit von dir ergänzt werden kann. Oder wenn eine bestimmte Lage sich gebessert hat, beziehungsweise ein Konflikt bereinigt werden konnte, diese Punkte dann als „gelöst“ zu markieren.

Dank deiner persönlichen Stress-Liste erhältst du Klarheit darüber, welche sogenannte Stressoren (Auslöser für Stress) zurzeit dein Glücklichsein beeinträchtigen, weil sie unbewusst viel von deiner Kraft, Zeit, Energie und Aufmerksamkeit beanspruchen.

Folgende Fragen können dir helfen, alle belastenden Situationen und Gegebenheiten aufs Papier zu bringen:

- Was gefällt mir nicht in meinem Leben?
- Was gefällt mir nicht an mir selbst?
- Was gefällt mir nicht an meinem Körper?
- Was gefällt mir nicht an meinem Umfeld?
- Was nervt mich zurzeit am meisten?
- Was stimmt mich unzufrieden?
- Bin ich gereizt, nervös und ungeduldig?
- Worüber nörgele ich?
- Vergleiche ich mich oft mit anderen Menschen und wenn ja, mit wem?
- Worüber ärgere ich mich oft?
- Über wen ärgere ich mich?
- Was verurteile ich?
- Wen verurteile ich?
- Welche Person/en mäkeln an mir?
- Was lehne ich kategorisch in meinem Leben ab?
- Worüber mache ich mir Sorgen?
- Wovor fürchte ich mich?
- Wovor habe ich am meisten Angst?
- Bei welchen Situationen spüre ich Resignation, Ohnmacht, Kleinheit, Eifersucht, Neid, Geiz, Enttäuschung, Hass, Rache, Schuldgefühl, Scham, Wut, Zorn, Groll, Angst, Unruhe, Traurigkeit, Lustlosigkeit?
- Fühle ich mich in bestimmten Lebensbereichen unter- oder überfordert?
- Welche (Leistungs-)Ansprüche und Forderungen habe ich mir gegenüber?
- Welche (Leistungs-)Ansprüche und Forderungen habe ich anderen Menschen gegenüber?
- Welche Erwartungshaltungen habe ich?

- Gibt es Konflikte am Arbeitsplatz, in der Partnerschaft oder in der Familie?
- Liegt eine Überbelastung oder Doppelbelastung durch Familie und Beruf vor?
- Habe ich kaum noch Interesse, Freunde, Verwandte zu treffen und Kontakte zu pflegen?
- Kann ich Hilfe annehmen sowie Aufgaben delegieren?
- Trage ich evtl. unbewusste Fremdverantwortung für andere Menschen?
- Schlafe ich oft schlecht?
- Habe ich körperliche Beschwerden?
- Versuche ich zum Beispiel, durch Essen negative Gefühle zu kompensieren?
- Kenne ich meine wahren körperlichen, seelischen und geistigen Bedürfnisse?

„Jedem Gedanken wohnt eine entsprechende Wirkung inne."
Rumi

Innerer Dialog

Jeder Mensch führt im Wachzustand fortwährend ein inneres Zwiegespräch. Dieser innere Dialog ist eine Form der Selbstreflexion über die eigene Person, das eigene Handeln sowie das Erleben und die Interaktion mit der Umwelt. Bei diesem elementaren seelischen Prozess spielen wiederum alle unsere bewussten und unbewussten Gedanken eine Schlüsselrolle.

Unser aktuelles Selbstbild – also die Art und Weise, wie wir uns selbst wahrnehmen und bewerten – wird von den Gedanken geprägt, die wir über uns selbst haben.

Diese sind abhängig davon, wie wir in unserem Leben geprägt worden sind und welche (emotionalen) Erfahrungen wir im Kontakt mit unserer Umwelt gemacht haben.

Meist haben wir die Botschaften, Stimmungslagen und das Gesprächs- bzw. Kommunikationsverhalten unserer Eltern sowie der uns nahestehenden Menschen verinnerlicht.

Louise L. Hay stellt in ihrem Buch „Meditationen für Körper und Seele" dieses Gedankengut metaphorisch als „alte Tonbänder" dar. Demzufolge sind die Botschaften in den Köpfen der meisten Menschen wie auf Tonband aufgezeichnet, um dort immer wieder aufs Neue abgespielt zu werden.

Schätzungsweise 25 000 Stunden Laufzeit davon erhalten wir allein von unseren Eltern beziehungsweise den Bezugspersonen. Man darf nicht vergessen, dass unsere Eltern ähnliche Gedankenmuster bereits von ihren Eltern erhielten. Diese alten Tonbänder werden also immer wieder abgespult, und auf vielen von ihnen befinden sich hauptsächlich negative, destruktive Rückmeldungen in Form von „erzieherischen Maßnahmen". Viel zu oft bestehen diese aus Kritik, Tadel, Ermahnungen, Beschämungen, Abwertungen, Beschuldigungen, Missbilligungen, Bemängelungen, Zurückweisungen oder Bestrafungen.

Ein Mensch, der in seiner Kindheit und Jugend Sätze hörte wie „Stell dich nicht so an", „Reiß dich zusammen", „Sei still", „Sei nicht so vorlaut", „Das schaffst du doch nie", „Was glaubst du eigentlich, wer du bist?", „Mach dich nicht lächerlich", „Was kannst du denn überhaupt?", „Mach uns keinen Ärger", „Kümmere dich erst mal um andere" oder „Du hast hier gar nichts zu wollen" glaubt diese Worte und nimmt sie als Überzeugungen mit ins Erwachsenenalter.

Hat also das Kind über längere Zeit gelernt oder den Eindruck vermittelt bekommen, dass sein Umfeld (**Fremdbild**) nicht mit ihm beziehungsweise mit seinem Verhalten zufrieden ist, beginnt es, diese als Überzeugungen unbewusst zu verinnerlichen. Das geschieht auch, sobald es sich abgelehnt fühlt, man ihm Dinge nicht zutraut oder seine Fertigkeiten nicht positiv wahrnimmt.

Tauchen dann neue, schwierige oder auch bereits bekannte Situationen auf, erlebt es die bekannten Bewertungen, wie

- „Ich bin nicht gut genug"
- „Ich muss perfekt sein"
- „Ich kann das nicht"
- „Ich kann nicht mehr"
- „Warum passiert das immer nur mir?"
- „Ich bin Opfer der Umstände"
- „Keiner ist wirklich für mich da"
- „Den anderen bin ich doch egal"
- „Ich muss mich mehr anstrengen"
- „Ich muss anderen gefallen"
- „Ich bin nichts wert"
- „Ich muss mir die Liebe verdienen"

von Neuem und verfestigt sie dadurch.

Schlussfolgernd entwickelt sich bei diesem Kind nach und nach ein **negatives Selbstbild** und damit ein schwaches, statisches Mindset.

Mit der Zeit und durch die wiederkehrenden Problemsituationen bildet sich eine bestimmte Form des inneren Dialogs heraus. In diesem Kontext nimmt das Mindset ine überwiegend kritisierende, fordernde und sogar abwertende Form an. Da-

durch stellt es der betroffenen Person kaum den Raum zur Verfügung, ein gesundes Selbstvertrauen aufzubauen.
Ein Mensch mit niedrigem Selbstwertgefühl

- isoliert sich in seiner Komfortzone.
- hat Angst zu versagen.
- möchte die Niederlagen und Misserfolge verbergen.
- hat wenig Elan und Tatendrang, neue Dinge auszuprobieren.
- setzt Verantwortung mit Schuldgefühlen gleich und unternimmt daher keine Versuche z. B. neue Projekte anzugehen.
- hat fremde beziehungsweise fremdgesteuerte Ziele und fühlt sich deshalb oft „getrieben".
- spürt kein Vertrauen in die eigenen Fähigkeiten.
- tut sich schwer im Umgang mit anderen Menschen.
- ist eifersüchtig und neidisch auf die Erfolge anderer.
- vergleicht sich oft mit anderen Menschen.
- urteilt über andere Menschen abwertend und herablassend.
- hat Angst vor Kritik von außen.
- braucht Lob und Anerkennung durch sein Umfeld.

Zusammenfassend kann man sagen, dass ein Mensch mit negativem Selbstbild über sich selbst innerlich herabwürdigend denkt und dies auch nach außen hin unbewusst ausstrahlt. Durch diese sehr destruktiven Überzeugungen zieht er Menschen an, die diesen Menschen mit negativem Selbstbild lieblos, respektlos, herablassend oder abweisend behandeln. Sie spiegeln ihm genau die jeweiligen Gedanken wider, die er selbst innerlich ständig über sich denkt. Das bestätigt sich dann wiederum in einem negativen Selbstbild und erschafft einen ungünstigen, kräfteraubenden Kreislauf.

Es liegt auf der Hand, dass das Selbstbild abhängig von der individuellen Lerngeschichte ist und damit auch immer Einfluss auf die Umstände in unserem Leben, auf unsere Leistungsfähigkeit, auf unsere Gesundheit, auf das soziale Miteinander und unser seelisches Grundgefühl haben.

Doch jetzt kommt wieder eine gute Nachricht:

Das Selbstbild ist nicht in Stein gemeißelt und ist jederzeit veränderbar. Wir können unsere innere Einstellung in ein **positives, stärkendes Mindset** umprogrammieren.

Zuallererst erfordert es die Bereitschaft, sich auf diesen Verwandlungsprozess einzulassen. Ein weiterer Aspekt lautet, uns selbst als Mensch zu begreifen, der sich in eine lebenslange Persönlichkeitsentwicklung begibt, denn wir sind niemals „fertig".

Ein wirklich tragfähiges Selbstwertgefühl entsteht erst, wenn wir Neues wagen, Herausforderungen wie Krisen, Probleme und schwierige sowie belastende Lebenssituationen in unserem Leben als Wachstumspotenzial sehen und uns trauen diese mutig anzugehen.

Ein Mensch mit hohem Selbstwertgefühl

- zeigt Bereitschaft, neue Herangehensweisen und Methoden kennenzulernen.
- freut sich auf das persönliche Wachstum, weil er weiß, dass es zu den essenziellen Grundbedürfnissen dazugehört.
- zeigt Interesse am Perspektivwechsel.
- ist offen für konstruktive Selbstreflexion.
- stellt das gewohnte Denken infrage und übt sich im Beobachten der eigenen Gedanken.
- kennt seine eigenen Stärken und unterstützt sie.
- ist sich der eigenen Schwächen bewusst.
- gesteht sich Fehler ein und lernt aus ihnen.
- nimmt konstruktive Verbesserungsideen gerne auf.
- bleibt bei Kritik und Lob von außen emotional neutral.
- nimmt die Gefühle bewusster wahr, erkennt diese und kann sie durch unterschiedliche Verhaltensweisen und Techniken steuern.
- hat ein hohes Einfühlungsvermögen und kann sich gut in die psychische und emotionale Lage eines anderen Menschen hineinversetzen. Dadurch bringt er mehr Verständnis, Nachsicht und Güte für sie auf.

- begreift sich selbst sowie andere Menschen als einzigartig.
- stellt ein stabiles soziales Netzwerk auf, ist in der Lage, Hilfe anzunehmen und solide, ausgewogene Beziehungen aufzubauen.
- lässt sich vom Erfolg anderer nur inspirieren und fokussiert sich auf die eigene Strategie.
- steckt sich selbst neue, eigene (!) Ziele und setzt diese diszipliniert um.
- hat ein klares Bild vom Endresultat der Ziele und ist davon überzeugt, einen guten Job zu machen. Rückschläge werden nach zeitlichen und inhaltlichen Analysen gegebenenfalls angepasst und selbstbewusst, gelassen und konsequent angegangen.
- übernimmt Verantwortung für sein Tun oder Lassen.
- ist davon überzeugt, durch das eigene Handeln Dinge verändern zu können.
- hat eine Erwartungshaltung, dass der Lauf der Dinge gezielt beeinflusst werden kann, und engagiert sich dementsprechend aktiv, um gute, nachhaltige und zum Wohl aller tragende Ergebnisse zu erzielen.
- hat einen realistischen Optimismus und ist der Überzeugung, dass in jeder schwierigen Situation immer eine Sinnhaftigkeit und ein Kern des Positiven enthalten und zu entdecken ist. Hat daher die tiefe Überzeugung, dass sich alles zum Guten wenden oder werden kann.
- wählt bewusst aufbauende und stärkende Gedanken wie
  - „Mein Leben ist ein Lernprozess."
  - „Ich kann das."
  - „Ich bin hier, um neue Erfahrungen zu machen."
  - „Andere Menschen mögen mich."
  - „Ich bin einzigartig und liebenswert."
  - „Ich bin ein begabter, fähiger Mensch."
  - „Ich verdiene es, ein wundervolles Leben zu haben."
  - „Ich bin wertvoll, weil ich bin."
- bleibt seinem eigenen Credo immer treu.
- **hat zu sich selbst ein 1000%ig loyales Commitment.**

Last but not least pflegt ein Mensch mit einem starken positiven Mindset einen wohlwollenden, aufbauenden, verständnisvollen, achtsamen sowie liebevollen inneren Dialog über sich und mit sich selbst. Das ist eines der Geheimnisse einer selbstbewussten und harmonischen Persönlichkeit!

Achtsamkeitsübung: „Wer bin ich?“

Wenn wir die durchschnittlich 70 000 Gedanken pro Tag herunterbrechen, entspricht das in etwa einem Gedanken pro Sekunde. Gäbe es die Möglichkeit, sie *alle* zu kontrollieren? Nein, das wäre unmöglich.

Was wir kontrollieren können, ist, uns über die Gedanken bewusst zu werden und zu erforschen, welches Unbehagen sie in uns auslösen. **Das, was wir bewusst wahrnehmen, können wir in unserem Leben steuern und verändern**. Doch dazu müssen wir die inneren Worte auf eine Art „Wahrheitsgehalt“ überprüfen.

Mit anderen Worten, wenn wir unser Denken verändern, ändert sich auch das Leben.

Dazu empfehle ich dir, dich selbst mit einem schönen Achtsamkeitstagebuch zu beschenken und es mindestens für 7 Wochen als täglichen Begleiter zu nutzen.

Der einfache und gleichzeitig machtvolle Zweck liegt darin, alle Gedanken, welche bei dir komisches Unbehagen oder eine bestimmte negative Reaktion in deinem Körper auslösen, zu notieren.

Vor allem sollten all jene Gedanken schriftlich festgehalten werden, welche einen negativen Inhalt über dich selbst und das Leben im Allgemeinen haben.

Sieh dieses gedankliche „Herumspionieren“ als ein Detektivspiel, bei dem du dich selbst finden darfst. Sei dabei wachsam, kooperativ und bleibe interessiert.

Dieses kreative Entdeckungsspiel besteht aus drei Schritten:

I. Über die eigenen negativen Gedanken bewusst werden
II. Diese Gedanken auf ihren Wahrheitsgehalt überprüfen
III. Die einschränkenden Gedanken durch neue, positive Gedanken ersetzen und verinnerlichen

Schritt I – Entdeckungsreise

Am besten notiere dir über den Tag verteilt deine Gedanken und lasse anschließend etwas Platz für weitere Notizen. Sie einfach wahrzunehmen, reicht nicht, denn für eine nachhaltige Wirkung musst du sie schwarz auf weiß auf dem Papier sehen.

Diese zusätzlichen Reflexionsfragen können dich dabei unterstützen zu erkennen, welche Art von innerer Konversation du zurzeit mit dir führst:

- *Was denkst du überwiegend über dich selbst?*
- *Wie redest du mit dir in bestimmten Stresssituationen selbst?*
- *Wie schätzt du dich selbst ein?*
- *Magst du dich?*
- *Wie begegnest du dir beim inneren Selbstgespräch – freundschaftlich oder feindlich?*
- *Wer bist du für dich selbst, deine ärgste Feindin oder deine beste Freundin?*
- *Wie fühlst du dich in Drucksituationen – als eine unerbittliche Antreiberin, als Macherin, ausgestattet mit einer inneren „Peitsche“, oder als wohlgesinntes, liebendes und unterstützendes Eltern-Duo?*
- *Wie bewertest du selbst deine Leistungen – als eine Sportkommentatorin, die richtig schlechte Laune hat und ewig das kritisiert, was nicht gut läuft, oder als loyaler Personal Coach, der durch positive Motivation dein Bestes in dir zum Vorschein bringen möchte?*

Beobachte in deinen Zwiegesprächen zudem, wie oft du dir gegenüber kritisch sprichst und dich selbst kleinmachst bzw. dir gegenüber unterstützend, ermutigend und positiv gesinnt bist.

Schritt II – Wahrheitsfindung

Lies dir deine Gedanken am Ende des Tages in Ruhe durch und überprüfe sie schriftlich mithilfe eines „Lügendetektors“ auf deren Wahrheitsgehalt.

Folgende Reflexionsfragen können bei der Beleuchtung der Ist-Situation und Umkehrung helfen:

Ist das wirklich wahr?
Kann ich mit absoluter Sicherheit sagen, dass es wahr ist?
Muss das immer so bleiben?
Tragen diese Gedanken zu meinem Glücklichsein bei?
Kann ich das anders denken?
Falls ja, wie möchte ich mich dabei fühlen?
Wie wäre es, wenn ich mich für neues, frisches Denken und Fühlen öffnen würde?

Hier einige Beispiele mit Gegenbeispielen:

„Ich kann das nicht."	„Ich kann das ***noch*** nicht. Da mir die Aussicht auf das gewünschte Resultat gefällt, finde ich Wege, um es zu erreichen."
„Mein Körper ist nicht schön."	„***Wer sagt das?*** Ich bin am schönsten, wenn ich niemandem gefallen muss. Heute entscheide ich mich für die Akzeptanz und lerne, meinen Körper dankbar und so liebevoll anzunehmen, wie er ist."
„Das Leben ist ein harter Kampf."	„***Ist das wirklich wahr?*** Ich öffne mich bewusst für ein Leben in Leichtigkeit, Freude und Fülle und erlaube mir, Gelassenheit zuzulassen. Zudem recherchiere ich oder suche Kontakt zu den Frauen, welche bereits das Leben im harmonischen Einklang mit ihrem wahren Frau-Sein haben und vorleben."

„Keiner liebt mich."	„Ich bin ***vorübergehend*** Single. Demzufolge nutze ich diese heilige Zeit des Alleinseins sinnvoll, indem ich lerne, mich selbst zu lieben, meine wahren Bedürfnisse kennenzulernen und mir diese selbst zu erfüllen."
„Ich bin nichts wert."	„**Ich bin wertvoll, weil ich bin.** Ich bin von Natur aus Liebe und mir meines großen schöpferischen Potenzials bewusst."

Wenn du deine Gedanken so regelmäßig überprüfst, werden sie dir immer bewusster und du lernst zudem, positiv mit ihnen umzugehen.

Besser noch ist, dass du dabei entdeckst, dass du immer mehr Kontrolle über deinen „inneren Garten" bekommst. Prüfe, welche Art von Gedanken du hereinlassen, welche du getrost löschen („Unkraut"-Gedanken) und loslassen kannst bzw. welchen du keinen Boden mehr zum Wachsen anbietest.

Schritt III – Transformation

Im dritten Schritt pflanzt du dir metaphorisch gesprochen neue Gedanken in deinen Kopf. Gedanken, welche dich stärken. Und aus welchen sich aufbauende, schöne Erfahrungen mit den entsprechenden angenehmen Gefühlen ergeben.

Dabei ist es wichtig, dass sich die neuen Gedanken in Form von positiv unterstützenden Sätzen für dich realistisch, d. h. **glaubwürdig anfühlen**. Das ist notwendig, damit dein Gehirn sie akzeptiert – du dir selbst also glaubst! Erst dann können sich diese Gedanken in dir verwurzeln.

Am besten ist es, wenn diese prägnanten Kraftsätze in dir ein Lächeln und ein Gefühl der tiefen Zuversicht zaubern.

Du wirst immer wieder feststellen, dass der Verstand die alten, oft jahrzehntelang gültigen Gedankenmuster „beschützen“ will und dich dazu drängt, in das unangenehme, dafür aber bekannte Gedanken- und Gefühlsterrain zurückzukehren. Hast du die neuen Kraftsätze gut implementiert, wirst du dabei eine herzerwärmend gute Vorahnung à la „Ja, ich bin wieder auf dem richtigen Weg. Auf dem Weg zu mir selbst“ spüren.

Mittels positiver Affirmationen – was übersetzt aus dem Lateinischen so viel wie **Bejahung** bedeutet – kannst du auf dein Unterbewusstsein direkt einwirken und dadurch deinen Selbstwert und deine Selbstliebe aktiv stärken sowie das Selbstvertrauen steigern.

Eine wichtige Info am Rande: Je häufiger und kontinuierlicher du dich mit deinen neuen, positiven Glaubenssätzen beschäftigst, desto eher wachsen sie zu deinen neuen inneren Überzeugungen und verändern die Art und Weise, wie du über dich denkst.

Damit schaffst du es, mithilfe deines neuen starken Mindsets dein Lebensgrundgefühl und somit die Qualität in allen Lebensbereichen nachhaltig ins Positive zu verändern.

Einige Ideen zu positiven Affirmationen lauten:

1. Ich bin der allerwichtigste Mensch in meinem Leben.
2. Ich nehme meine Bedürfnisse wahr und erfülle sie mir selbst.
3. Ich liebe mich selbst und akzeptiere mich von ganzem Herzen.
4. Ich ruhe in mir selbst und sehe mich mit Güte.
5. Ich bin ständig von Liebe umgeben.

6. Ich bin wertvoll, weil ich bin.
7. Ich habe alles in mir, was ich brauche, um glücklich zu sein.
8. Ich achte mich und feiere meine Einzigartigkeit.
9. Ich bin ein Wunder der Natur.
10. Ich bin genau richtig und genug, wie ich bin.
11. Ich lebe im Hier und Jetzt.
12. Ich erfreue mich an meinem Leben.
13. Jeder Tag ist ein Feiertag.
14. Ich liebe das Leben, und das Leben liebt mich.
15. Ich liebe mein Leben so, wie es gerade ist.
16. Ich entspanne mich, denn ich weiß, dass das Leben mich immer und überall unterstützt.
17. Jedes Erlebnis lässt mich wachsen und reifen.
18. Mein Leben wird von einer höheren Kraft geleitet und meine innere Ruhe, die Sicherheit und Gelassenheit wachsen täglich von Stunde zu Stunde an.
19. Es geht mir jeden Tag und in jeder Hinsicht immer besser.
20. Ich verdiene immer das Beste in meinem Leben.
21. Ich ziehe alles Positive mit Leichtigkeit in mein Leben.
22. Ich habe Vertrauen in mich.
23. Ich vertraue darauf, dass in jeder Krise etwas Gutes für mich steckt.
24. Ich öffne mich für neue Inspirationen.
25. Ich bin gesund und liebe meinen Körper.
26. Ich bin achtsam, und mein Körper ist in Balance.
27. Ich bin offen für Heilung.
28. Das Universum ist ein sicherer Ort.
29. Ich habe Ur-Vertrauen ins Leben und bin jederzeit gefestigt.
30. Das Leben ist ein riesiges Geschenk.
31. Das Leben ist schön und voller Wunder.
32. Das Leben ist voller interessanter Überraschungen.
33. Mein Umfeld ist fürsorglich und liebevoll.
34. Ich bin Liebe, und ich bin liebevoll zu anderen.
35. Ich liebe und werde geliebt.
36. Ich verdiene Liebe, Geborgenheit und glückliche Beziehungen.
37. Ich bin für mich und andere wertvoll, einfach dadurch, dass ich bin.

38. Ich glaube an mich.
39. Ich kann.
40. Ich bin erfolgreich und erfüllt.
41. Ich bin mir meines großen schöpferischen Potenzials bewusst.
42. Ich bin mutig.
43. Ich öffne mich für ein Leben in Reichtum und Fülle.
44. Ich bin dankbar für alles, was ich habe.
45. In mir finde ich alle Gaben und Fähigkeiten, die ich brauche, um erfolgreich zu sein.
46. Ich besitze immer die Freiheit, meine Gedanken selbst zu wählen.
47. Ich bin für mein Glücklichsein selbst verantwortlich.

Nun bist du an der Reihe. 😊 Erstelle dir eine Liste mit positiven Glaubenssätzen, mit denen du dich identifizieren kannst und dich dabei wohlfühlst.

Höre in dich hinein und auf das Gefühl, welches beim Aussprechen der Affirmationen entsteht. Fühlen sich die Worte in diesem Moment für dich stimmig und richtig an? Dann sind sie es auch.

Bitte benutze diese Powersätze mit Intention und Energie, anstatt sie nur herunterzubeten. Tust du das nicht, dann können sie auf einer rationalen, gedanklichen Ebene „stecken bleiben" und werden nicht richtig implementiert. **Fokussiere dich daher darauf, die Wirkung deiner stärkenden Gedanken zu „erfühlen".** Dadurch wirst du die Kraft spüren, die in diesen Worten liegt.

Integriere die Wiederholungen der Glaubenssätze am besten so häufig wie möglich in deinen Alltag.

Starte am besten gleich **morgens nach dem Aufwachen*****
mit den kraftvollsten Sätzen über dich selbst. Spreche sie zu Hause laut aus. *Wenn du die Worte aus deinem Mund hörst, ist es viel leichter, selbst daran zu glauben.*

Nutze jede Gelegenheit während des Tages und vor dem Zubettgehen, um dich selbst an deine neuen, bejahenden Suggestionen zu erinnern.

Hab Spaß dabei und entwickle zum Beispiel positive Gedanken in Form von kreativen Kurzgedichten. Deine Intuition liebt Spielerisches und kann sich u. a. Reime viel besser merken. Ein Beispiel gefällig?

„Ich bin einfach wunderbar, na, das ist doch sonnenklar."

Mein Geheimtipp für dich: Die folgende sehr effektive Vorgehensweise benutze ich schon seit vielen Jahren. Das ist das persönliche Aufsprechen von ausgewählten Affirmationen auf ein diktierfähiges Gerät.

Vor dem Aufsprechen empfehle ich dir, eine Runde zu deiner Lieblingsmusik zu tanzen. Bringe dich dadurch in einen seligen Zustand, d. h. in eine fröhliche Stimmung, in der du am liebsten die ganze Welt umarmen möchtest.

Wähle danach eine schöne, sanfte Entspannungsmusik aus, welche du im Hintergrund während der Aufnahmen laufen lassen kannst. Schalte sie und das Diktiergerät ein und beginne damit, deine Lieblingsaffirmationen mit einer entspannten Stimme aufzusagen.

Diese von dir kreierten Aufnahmen kannst du auch **zum Einschlafen***** nebenherlaufen lassen, da sie vom Unterbewusstsein aufgenommen werden und ihre wundersame, nachhaltige Wirkung in der Nacht entfalten.

***Der Zauber der REM-Phase

Die REM-Schlafphase wird auch als „hypnotischer Dämmerzustand" bezeichnet, in welchem der Mensch zugleich wach ist und schläft. Das bedeutet, dass einerseits das normale Tagesbewusstsein mit der Fähigkeit zu kritischer analytischer Entscheidung zur Verfügung steht und zur selben Zeit das tiefe Unterbewusstsein aktiv ist. Somit gelangen diese Visualisierungen, Affirmationen und Suggestionen für eine anvisierte Veränderung der Gedanken- und Verhaltensmuster DIREKT ins Unterbewusstsein und werden dort als WAHR – ohne jeglichen Widerstand – integriert. Wow!

Schlüsselmoment❣ Mit diesen Techniken und dem Hintergrundwissen zum bewussten Denken als erstes magisches Tool kannst du dein Mindset innerhalb kürzester Zeit tiefgreifend transformieren und so zum Gelingen deines Lebens beitragen.

Wichtig ist tägliche Kontinuität. Denn nur was kontinuierlich trainiert wird, kann sich auch entwickeln.

Wie lange sollen die neuen Verhaltensgewohnheiten praktiziert werden?

Auf den Punkt gebracht: so lange, bis die gewünschten Resultate in den jeweiligen Lebensbereichen im Außen sichtbar werden. 😊

Eine kleine Info am Rande zu unserem genialen Gehirn:

Alle unsere Lebenserfahrungen hinterlassen Spuren der Erinnerung im Nervensystem, die uns dabei zu helfen, unseren Alltag zu meistern und unser zukünftiges Verhalten besser an sich ändernde Umweltbedingungen anzupassen.

Das menschliche Gehirn enthält etwa 100 Milliarden Nervenzellen, sogenannte Neuronen, welche über spezielle Verbindungen, die Synapsen, miteinander verbunden sind.

Jede einzelne Nervenzelle kann sich mit bis zu 1000 anderen Neuronen verknüpfen. Das ergibt schon mal bis zu 100 Billionen neue Verbindungen im Gehirn.

Alle dieser 100 Milliarden Nervenzellen kommunizieren über spezielle Moleküle mit bis zu 300 km/h schnellen elektrischen Impulsen.

Dadurch werden unsere körperlichen, psychischen und geistigen Leistungen erst ermöglicht.

Es ist das komplexe Netzwerk, das es uns erlaubt, zu denken, zu fühlen und zu handeln.

Aus der neuesten Gehirnforschung geht zudem hervor, dass unser Gehirn plastische Fähigkeiten besitzt und die Verknüpfung sowie Neubildung neuer Nervenzellen ins Unermessliche steigerungsfähig ist.

Mit anderen Worten, neue Dinge zu lernen, ist die Kernaufgabe der Gehirnplastizität.

Denn durch neue Lernprozesse und Erfahrungen werden im Gehirn neue neuronale Pfade oder Schaltkreise zwischen Nervenzellen gebildet. Diese kommunizieren miteinander, wie schon erwähnt, über einen Berührungspunkt, die Synapse, und können das ganze Leben lang regeneriert und immer und wieder erneut strukturiert werden.

Jedes Mal, wenn neues Wissen erworben und durch wiederholtes Praktizieren integriert wird, wird die synaptische Kommunikation zwischen den Neuronen gestärkt.

Dadurch hinterlässt das neue Erlernte physiologische Spuren im Gehirn, welche wiederum Verhaltensweisen und Entscheidungen künftig maßgeblich beeinflussen.

Die Wirkung der Emotionen

Emotionen machen das Leben im wahrsten Sinne des Wortes lebendig und sind zentrales Element unseres Seelenlebens.

Wir erleben sie rund um die Uhr tagein und tagaus. Mal sind sie weniger ausgeprägt, mal stärker, aber emotionsfreie Zustände gibt es nicht.

Da Emotionen grundlegende Bestandteile unserer Existenz sind, spielen sie eine wesentliche Rolle in unserem Verhalten und in unseren zwischenmenschlichen Beziehungen.

Die Fähigkeit, Emotionen in Bezug auf sich selbst und andere Menschen wahrzunehmen, auszudrücken, zu verstehen, zu akzeptieren, korrekt einzustufen und angemessene, sinnvolle Handlungen daraus abzuleiten, ist daher für das soziale Miteinander von großer Bedeutung.

Schlüsselmoment♥ Und last but not least haben wir Frauen von Natur aus die Gabe, die Kraft der Emotionen für uns selbst und für das Umfeld segensreich zu nutzen.

Eine kleine Erinnerung aus den vorausgegangenen Kapiteln:

„Die Frau hat entsprechend, da sie eine Frau ist – einen tieferen Zugang zu ihrem fraulichen Prinzip.

... Frauen hingegen schenkte die Natur eine 9-fach höhere Emotionalität, damit sie durch die Verbindung zu ihrer Innenwelt und mit erleichtertem Zugang zu ihrem Herzen, in Liebe und Leichtigkeit mit sich selbst und dem Umfeld leben und inspirierend sein kann. Das ist eine Qualität der Liebe."

In der Regel wird diese wertvolle Ressource von den meisten Frauen unbewusst nicht benutzt und bildet sich nach und nach zurück.
„Wie kann sich jede Frau den Zugang zum eigenen Fühlen wieder herstellen?"
„Emotionale Reife – wie äußert sich sie?"
„Ist die Steuerung der Emotionen möglich?"

Diesen Fragen gehen wir nun im folgenden interessanten Kapitel nach und befassen uns zunächst mit dem übergreifenden Begriff „Emotion".

Was sind Emotionen?

Es gibt bis heute keine festgelegte Definition für Emotionen. Auch wenn sich die Emotionswissenschaft auf verschiedene Betrachtungsweisen, Theorien und Auffassungen zu Emotion (auch Gemütsbewegung genannt) stützt, ließe Emotion sich in etwa *als innere Empfindung und der entsprechenden Reaktion auf diese* beschreiben.
Einigkeit besteht auch darin, dass **Emotion ein multidimensionales Konstrukt** ist und mehrere Komponenten aufweist:

- Am Anfang jeder Emotion steht die gedankliche Bewertung eines Erlebnisses bzw. eines äußeren Ereignisses sowie die gedankliche Interpretation:
  Kann ich diese Situation mit meinen Fähigkeiten und Mitteln bewältigen?
  Wird sie für mich bedrohlich?

Empfinde ich das aktuelle Ereignis als unangenehm, angenehm oder neutral?
Subjektives emotionales Empfinden: Das bedeutet, dass das emotionale Erleben einer Situation durch die eigene Wahrnehmung und aus den persönlichen Überzeugungen, Werten, kulturellen Bezugspunkten, Erziehungsgrundlagen, Ansichten, Meinungen, Interessen und Einstellungen (zusammenfassend auch Mindset genannt) *beeinflusst* wird. Die Sinnesorgane wie Hören, Schmecken, Riechen, Fühlen und Sehen dienen ihr dabei als Wahrnehmungssignale, welche über den Stand der eigenen (Grund-) Bedürfnisse informieren.
Die Aufmerksamkeit ist bei einem emotionalen Ausbruch auf den wahrgenommenen AUSLÖSER eines äußeren Vorgangs („Ich trete jetzt vor dem großen Publikum auf") oder eines inneren Vorgangs („Ich schaff das nicht, ich bin immer verkrampft, wenn ich vor einem großen Publikum reden muss"), gerichtet.
Zusammenfassend handelt es sich bei Emotion um *einen Gefühlsausbruch mit einem unmittelbaren und superschnellen Mechanismus* (weniger als eine Hundertmillionstel Sekunde), der von einem Reiz in Gang gesetzt wird.
Oder anders ausgedrückt: Eine Emotion ist zunächst eine automatische, UNBEWUSSTE, zeitnahe Reaktion, die durch Umweltgegebenheit (im Außen) oder gedanklicher Interpretationen (im Inneren) ausgelöst wurde.
Ereignis/Gedanke (**REIZ**) -> Wahrnehmung (unangenehm/ angenehm/neutral) -> Emotion = automatische/unbewusste **REAKTION** (Verhalten)

„Energie folgt immer der AUFMERKSAMKEIT!
Das, WORAUF wir unsere Aufmerksamkeit bewusst lenken,
vermehrt sich (RESULTATE) in unserem Leben."

- **Kognitive bewusste und unbewusste Prozesse**: Hierbei geht es um mentale Vorgänge und die Verarbeitung von Informationen.

Zu den kognitiven Fähigkeiten eines Menschen gehören etwa die Fähigkeiten zu lernen, sich zu konzentrieren, sich etwas vorzustellen, zu planen, sich zu erinnern, aber auch an etwas zu glauben sowie den Ausgang einer Situation zu erwarten.

- **Körperliche Reaktion**: Veränderung der Mimik, Gestik, Stimme, Körperhaltung oder Körperbewegung.
  Folgende Körperreaktionen könnten beispielsweise auftreten: Die Atmung beschleunigt sich, das Herz schlägt schneller, der Blutdruck und die Körpertemperatur steigen an, die Muskeln spannen sich an, der Klang der Stimme verändert sich, es kommt unter anderem zum Tränenausbruch.
  Auch bei diesen Reaktionen handelt es sich um UNBEWUSSTE Prozesse, mit denen der menschliche Organismus sich auf die jeweilige Lebenssituation einstellt.
  Nicht immer sind die körperlichen Vorgänge hilfreich. Manchmal werden sie als unangenehm oder hemmend empfunden, wenn man beispielsweise in einer wie oben beschriebenen Beispielsituation vor dem Publikum errötet (eine Reaktion des Gesichts) oder zu stottern beginnt.
- Ein entsprechendes **Gefühl**: Gefühl, welches bei einer Emotion erlebt wird („Ich habe Angst, vor dem großen Publikum zu sprechen").
  Das Gefühl ist der Boden, aus dem die Emotion entspringt.
  Schlüsselmoment❣ Eine Emotion ist ein in Bewegung gekommenes Gefühl durch die zuvor (oft unbewusst) **gewählten Gedanken** (Glaubenssätze, Überzeugungen, Werte, Bedürfnisse, Erziehungsgrundlagen, kulturellen Bezugspunkte).
  Bei Emotion handelt es sich somit um das, was wir fühlen und was in unserem Körper ausgelöst wird.
  Demzufolge können die Emotionen nicht mit Gefühlen gleichgesetzt werden. Der Unterschied besteht darin, dass das *eigentliche Gefühl nur einen Teil der Emotion ist.*
  Im Übrigen verbergen sich in dem Begriff *„E-motion"* zwei englische Wörter: „e" für „energy" = Energie sowie „moti-

on", abgeleitet von „move" = bewegen, übersetzt = *„Energie in Bewegung"*.

Auf diese sprachliche Besonderheit werde ich später noch mal eingehen, um die komplexen Vorgänge im Körper durch unsere menschlichen Emotionen besser und zusammenhängender zu verdeutlichen.

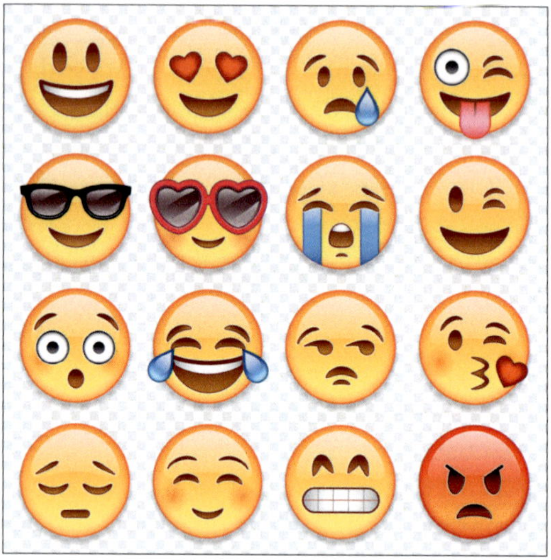

- **Zielgerichtetes Handeln:** Motive oder Beweggründe, die zur Handlungsbereitschaft führen.
  Dazu gehören zwei Arten der Motivation, die extrinsische und intrinsische Motivation.
  Die *extrinsische Motivation* entsteht durch externe (äußere) Faktoren wie sozialer Status, Macht, Schönheitsideale, gesellschaftliche Dogmen, Zugehörigkeit und die beiden emotionalen Verstärker. Die negativen Verstärker können zum Beispiel durch Schmerz, Druck, Zwang, Existenzängste ausgelöst werden. Bei den positiven emotionalen Verstärkern kann es sich beispielsweise um jegliche Art von Belohnung, Gehaltserhöhung oder Beförderung handeln.

Die Motivation, welche von INNEN heraus entsteht, nennt man *intrinsische Motivation*. Diese wird durch Interesse (Sogwirkung), Lust, Spaß, Freude, Sinnhaftigkeit in Kombination mit den eigenen Werten sowie positiver Erfolgserwartung (auch selbsterfüllende Prophezeiung genannt) – aus uns selbst heraus – ausgelöst.

Emotionale Reife

Emotionale Reife hat mit dem biologischen Alter in der Wirklichkeit nur ganz wenig zu tun. Vielmehr stecken dahinter ein geerdeter Charakter, emotionale Intelligenz, eine solide Persönlichkeitsentwicklung, alle unsere bisherigen Lebenserfahrungen, eine ehrliche Selbstreflexion, beginnend mit der gegenwärtigen Selbstwahrnehmung, eine authentische Selbstregulierung wie Impulse aus eigenen Emotionen zu filtern, zu analysieren, zu kontrollieren und zu lenken, ein starkes, unerschütterliches Selbstbewusstsein und ja, auch eine riesengroße Portion Selbstliebe.

Wie wir (emotional) auf ein bestimmtes Ereignis, auf jemanden oder auch auf die inneren Dialoge in uns reagieren, liegt weniger an den Auslösern als an uns selbst.

Es ist ein natürlicher Prozess unserer menschlichen Evolution, dass wir in unserem Leben Erfahrungen machen, lernen, mit den verschiedensten Situationen umzugehen, daraus die Erkenntnisse zu erlangen und somit uns innerlich zu entwickeln.

Schlüsselmoment❣ Auch wenn es nicht immer einfach ist, führen die Fehler, lehrreichen Erfahrungen, Irrtümer und Lektionen uns immer und wieder zu dem Ziel -> das innere, seelische (emotionale) Gleichgewicht wiederherzustellen. Denn das Leben strebt immer nach einer Balance.

Doch was genau verbirgt sich hinter der emotionalen Stabilität, und wie unterscheidet sich diese Reife im Verhalten?

Das „Reine Bewusstsein"

Du liest gerade dieses Buch, diese Worte? Du denkst mit, und es entstehen bei dir Assoziationen zum Gelesenen? Dann besteht an der Existenz deines persönlichen Bewusstseins schlicht und ergreifend kein Zweifel. 😉

Es ist eine Tatsache, dass genau in diesem Moment „jemand" diese Texte völlig wertfrei quasi mitliest.

Der geheimnisvolle *Innere Beobachter* wird auch das „Allumfassende Wahre Selbst", „Reines Bewusstsein", „Höchste Seele" beziehungsweise die „Quelle Reiner Liebe in uns" genannt.

Das Selbst ist die eigentliche Natur des Menschen und existiert unabhängig vom menschlichen Gehirn oder Geist (Intellekt, Verstand, Erkenntnisvermögen) und stellt gleichzeitig eine Grundlage für das menschliche Selbst (Ich-Identität, Persönlichkeit) dar.

Und die Seele des jeweiligen Menschen spielt in diesem Kontext eine Art Vermittlerinnenrolle, die Botschaften zwischen dem „Höchsten Selbst" und dem menschlichen Selbst mithilfe der Emotionen – allen voran den Gefühlen – entschlüsselt und mitteilt.

Aufgrund vieler emotionaler Blockaden kann es passieren, dass der Zugang zum „Höheren Selbst" gesperrt ist und der Mensch sich dadurch unerklärlich „wurzellos, instabil, abgetrennt" fühlt.

Schlüsselmoment❣ Demgemäß hat es eine tiefe Bedeutung in unserem Leben, sich bewusst mit der Verbindung zum „Wahren Selbst" zu befassen, den wahren Selbstwert (unabhängig vom aktuellen Lebensumstand, sozialen Status, Geschlecht, Alter) anzuerkennen, um die emotionale Freiheit zu erlangen sowie zur wahren Schöpferin des eigenen Lebens zu werden.

„Deine wahre Natur ist Bewusstsein. Von einem individuellen Standpunkt aus hast du einen Körper, und du hast eine Psyche, aber du bist Bewusstsein. Wie Descartes gesagt hat: ‚Du kannst an allem zweifeln, du weißt nicht, ob es überhaupt eine Welt gibt oder ob das alles nur Optische Täuschung ist.

Du weißt noch nicht mal, ob es einen Geist gibt, im Sinne von einer Psyche, denn auch Gemütszustände können Illusion sein. Aber an einem kannst du nicht zweifeln, es gibt jemand, der denkt, einer, der zweifelt, einer, der nachdenkt.‘

So kommt ja auch der berühmte Vers oder der berühmte Satz von Descartes zustande: ‚Cogito ergo sum. Ich denke, also bin ich. Dadurch, dass ich denke, nicht das Denken bin ich, das natürlich nicht, und ich bin nicht die Psyche, aber es gibt jemanden, der denkt, es gibt jemanden, der zweifelt, daran kann ich nicht zweifeln, also muss es mich geben. Und als was muss es mich geben? **Als Bewusstsein.**

Achtsamkeitsübung: „Emotionale Selbstbestimmung"

Hast du schon mal bemerkt, wie manchmal spezifische Themen, Meinungen, Aussagen, Verhalten anderer Menschen, Situationen, ein Geräusch oder ein Geruch in dir bestimmte intensive Emotionen und impulsive Reaktionen hervorgerufen haben?

Bist du vielleicht dabei wütend, aggressiv, panisch, neidisch, eifersüchtig oder traurig geworden? Fühltest du dich von einem Moment auf den anderen schuldig, ängstlich, gereizt, verzweifelt oder enttäuscht? Hast du dich zurückgezogen oder überreagiert in der Situation?

Die Rede ist hier von den emotionalen Triggern. Emotionale Trigger, auch „emotionale Knöpfe" genannt, können uns ganz plötzlich treffen und uns dazu bringen, extrem und unkontrolliert zu reagieren.

Wir alle haben diese wunden Punkte in uns, welche wiederum unbewusst viele Aspekte unseres Lebens, unser Verhalten und unsere Bewertung neuer Situationen beeinflussen.

Zum einen rufen emotionale Trigger vergangene, oft traumatische Erfahrungen in uns wach, die wir damals in der Situation des Erlebten nicht verarbeiten und mit größter Wahrscheinlichkeit nicht einmal bewusst wahrnehmen konnten. Sie reißen sozusagen seelische Wunden auf, die wahrscheinlich auch nicht behandelt und verarbeitet wurden und mit denen wir nie gelernt hatten, adäquat zu leben.

Alle Details aus unseren Erfahrungen werden in unserem Unbewussten, unserer Intuition, aufbewahrt und bei Bedarf sofort wieder hervorgeholt. Tritt eine neue Situation ein, welche in irgendeiner Weise einer verwahrten Erfahrung ähnelt (identisch ist), signalisiert uns unsere Intuition, dass sie dazu einen fundierten Beitrag hat, indem sie das Gefühl von damals wieder auslöst.

Diese Musterwiedererkennungsverfahren unseres Gehirns mit Emotionen als Gedächtnisstütze ist im Prinzip genial und navigiert uns überwiegend erfolgreich durchs Leben.

Dennoch kann es insbesondere in den Krisenzeiten hilfreich sein, die eigenen emotionalen Auslöser zu kennen und sich damit bewusst auseinanderzusetzen, da es uns ermöglicht

- unsere Gefühle einzuordnen und zu benennen
- uns selbst besser zu verstehen und zu akzeptieren
- die sabotierenden Gedanken, Glaubensmuster und Überzeugungen in Bezug auf uns selbst, die zwischenmenschlichen Beziehungen und das Leben aufzulösen
- in den Situationen, in denen gefühlte Ablehnung und Verletzlichkeit vorliegt, Ruhe und einen kühlen Kopf zu bewahren
- die emotionalen energetischen „Ladungen" aus den vergangenen Erlebnissen zu neutralisieren, damit neue selbstbestimmte Lebensszenarios erschaffen werden können

EFT – Eine wundervolle Selbstheilungstechnik

Die meisten Menschen bewerten ihre Gefühle positiv oder negativ. In Wirklichkeit gibt es keine guten oder schlechten Gefühle, da alle Gefühle immer einen bestimmten Zweck für uns erfüllen.

Um im seelischen Gleichgewicht zu bleiben, bedarf es einer Voraussetzung, die eigenen Gefühle an-, wahr- und ernst zu nehmen. **Denn was ich bewusst fühle, kann ich auch heilen.**

Wir alle sind Menschen und können mal unbedacht und blitzschnell reagieren, statt rational und wohlüberlegt zu agieren.

Es wird immer „Stellvertreter-Situationen" geben, die dich verunsichern und aus der ruhigen Bahn werfen. Des Öfteren konnte in solchen Augenblicken geschehen, dass du als eine Art Schutzreaktion erst einmal das Nächstbeste und „Altbewährte" tust.

Schlüsselmoment♥ Die Kunst ist jedoch, die Unwissenheit und das Unbehagen, was vermeintlich zu tun ist, auszuhalten und gleichzeitig zu lernen, die Emotionen wahrzunehmen, zu benennen und diese gezielt liebevoll zu transformieren.

Dafür eignet sich hervorragend eine ganz kraftvolle, effektive und einfach anwendbare Methode -> die Emotional Freedom Techniques (EFT)-- auf Deutsch übersetzt:Technik der Emotionalen Freiheit.

Was ist EFT?

EFT, auch „Klopftechnik" genannt, ist eine Kombination von Akupressur (auf Basis der Akupunktur) mit den modernsten Erkenntnissen der Psychologie.

Gary Craig gilt als der Gründer der EFT-Therapie in seiner heutigen Form. Er entdeckte bestimmte Meridian-Punkte (Energiebahnen im Körpersystem), die sich für die *psychologische Akupunktur* hilfreich eignen.

Diese Methode basiert zudem auf der Annahme, dass psychische Störungen und Stress durch destruktive Gedanken oder äußere Reize fast immer auf Blockaden im Energiesystem des Körpers beruhen können.

Um die blockierte Energie wieder in Fluss zu bringen, werden spezielle Akupunkturpunkte mit den Fingerspitzen in einer individuellen Reihenfolge sanft beklopft. Durch das parallele Aufsagen von bestimmten Sätzen zu den vorliegenden psychosomatischen Beschwerden können EFT-Anwenderauf diese Weise in kürzester Zeit Erleichterung finden.

Schlussfolgernd durchtrennt das Klopfen die Verknüpfung von negativen Emotionen und den damit verbundenen Erinnerungen aus der Vergangenheit (REIZ -> REAKTION) und löst ergänzend die belastenden Projektionen aus der Vergangenheit auf aktuelle Erlebnisse auf.

EFT – die Anleitung

Schritt 1: Definiere ein Thema, das dich im Moment emotional belastet

Als Erstes benennst du dein persönliches Thema, Problem oder eine Körperbeschwerde als eine Art Leitsatz, und sei in deiner Formulierung so präzise und gleichzeitig kurz wie möglich.

„Ich habe Schmerzen im oberen Rücken“ oder „Ich bin wütend auf …“ oder „Ich habe Angst vor der öffentlichen Rede“.

Schritt 2: Bewerte die Ausgangsemotion

Als Nächstes bewertest du nun das negative Gefühl und schätzt die Intensität auf einer Skala von 1–10 (1 = nicht existierend/10 = sehr stark ausgeprägt) ein.

Welches negative Gefühl ist es? Gestatte es dir, dieses Gefühl zu fühlen. Und wo in deinem Körper spürst du es in diesem Augenblick?

10 ist dabei der Wert für ein Gefühl, das dich beispielsweise stark aufregt (bei Zornausbruch) oder das dich regelrecht lähmt (im Angstzustand).

1 würde bedeuten, dass die negative Emotion zu dem jeweiligen Erlebnis oder Problem nicht mehr vorhanden ist.

Bei zum Beispiel Schmerzen im oberen Rücken wäre die 1 dabei „schmerzfrei“, während die 10 die „höchste Schmerzintensität“ darstellen würde.

Mit dieser Bewertung kannst du somit immer wieder die Erfolge der Klopfakupressur durch regelmäßige EFT-Anwendungen beobachten.

Wo also findest du dich gerade auf dieser Skala?

Gib diesem negativen Gefühl nun einen aktuellen Wert.

Schritt 3: Beginne mit den EFT-Durchgängen

Zuallererst sprichst du deinen Leitsatz siebenmal auf, auch Einstimmung oder Eröffnungsaussage genannt (laut oder in Gedanken), und beginnst mit dem sanften Tappen an deiner Handaußenkante (die jeweilige Körperseite rechts oder links spielt dabei keine Rolle):

„Auch wenn … (hier setzt du dein persönliches Thema ein)**, liebe und akzeptiere ich mich voll und ganz, wie ich bin.“**

Anschließend klopfst du die weiteren 8 Meridianpunkte* auch jeweils siebenmal mit zwei Fingern leicht und sanft ab und beschreibst dabei das negative Gefühl näher und konkreter.

*Zur besseren visuellen Vorstellung schaue dir gerne die Bilder von den jeweiligen Meridianpunkten und ergänzenden Informationen auf den folgenden Webseiten an:

https://www.carpediem.life/eft *sowie* www.philognosie.net/heilpraxis/eft-methode-anleitung-erklaerung-der-klopftechnik

Die 8 Meridianpunkte im Überblick:

1. Innenseite deiner Augenbraue
2. Außenseite deiner Augenbraue/deine Schläfen
3. Unter dem Auge
4. Unter der Nase
5. Auf dem Kinn
6. Innenseite deines Schlüsselbeins
7. Seitlich unter dem Arm auf Brusthöhe
8. Spitze deines Kopfes

Hast du eine Körperseite fertig getappt, kannst du gerne die Seiten wechseln und einen weiteren sanften Klopf-Durchgang spiegelverkehrt machen.

Atme anschließend tief ein und aus, lasse die EFT-Klopfakupressur auf dich einwirken und höre in dich hinein.

Schritt 4: Ordne erneut die Emotionen ein

Sieh dir noch mal deine Skala von 1 bis 10 an und bewerte erneut die Emotionen.

Wie intensiv spürst du jetzt das zuvor genannte Gefühl?

Oder wenn du an das ausgewählte Problem denkst, hat sich es gebessert?

Einige Anregungen von Emotionen mit den dazugehörigen Gedanken stelle ich dir in Form von Beispielsätzen vor:

- Angst: „Auch wenn ich Angst habe, dass mir ... passieren könnte/ich ganz allein bin, liebe und akzeptiere ich mich voll und ganz, wie ich bin."
- „Auch wenn ich Angst habe, dass mich andere ablehnen, wenn ich ... tue, liebe und akzeptiere ich mich voll und ganz, wie ich bin."
- Wut: „Auch wenn er/sie mir was wegnehmen will, liebe und akzeptiere ich mich voll und ganz, wie ich bin."
- „Auch wenn er/sie mir nicht gehorcht/er/sie auf mich nicht hört/er/sie mich nicht verstehen will, liebe und akzeptiere ich mich voll und ganz, wie ich bin."
- Hilflosigkeit: „Auch wenn ich nicht gut genug bin/andere können ..., aber ich nicht, liebe und akzeptiere ich mich voll und ganz, wie ich bin."
- Eifersucht: „Auch wenn er/sie den/die andere/n lieber hat als mich, liebe und akzeptiere ich mich voll und ganz, wie ich bin."
- „Auch wenn ich denke, dass mein/e Partner/in mir gehört/ andere Frauen wollen mir meine/n Partner/in wegnehmen, liebe und akzeptiere ich mich voll und ganz, wie ich bin."

- Enttäuschung: „Auch wenn er/sie/die Situation nicht so ist, wie ich das von ihm/ihr/ihr erwartet hatte, liebe und akzeptiere ich mich voll und ganz, wie ich bin."
- Neid: „Auch wenn er/sie schöner, intelligenter, erfolgreicher, besser, charmanter ... ist, liebe und akzeptiere ich mich voll und ganz, wie ich bin."
- Ohnmacht: „Auch wenn mir etwas ... passiert, das ich nicht beeinflussen kann/keine Macht über mich/die Situation habe, liebe und akzeptiere ich mich voll und ganz, wie ich bin.
- „Auch wenn nur ... mich glücklich machen kann/ich ohne ... nicht leben kann/ich ... brauche, liebe und akzeptiere ich mich voll und ganz, wie ich bin."
- Gier: „Auch wenn ich das unbedingt haben will/ich nicht genug habe/was ich nicht habe, sollen die anderen Menschen auch nicht haben, liebe und akzeptiere ich mich voll und ganz, wie ich bin."
- Hoffnungslosigkeit: „Auch wenn ich es nie ... bekommen oder sein werde/keiner mir helfen kann, liebe und akzeptiere ich mich voll und ganz, wie ich bin."
- Trauer: „Auch wenn niemand sich um mich kümmert/er/sie mich allein gelassen oder verlassen hat, liebe und akzeptiere ich mich voll und ganz, wie ich bin."
- „Auch wenn ich bestimmte Gefühle noch nicht fühlen will/ innere Widerstände noch dabei spüre/gegen die Gefühle ankämpfe/die Gefühle am liebsten verdrängen will, liebe und akzeptiere ich mich voll und ganz, wie ich bin."

Schritt 5: Erlebe die emotionale Freiheit

Wenn du regelmäßig das EFT-Tapping praktizierst (die Anzahl der Durchgänge entscheidest du selbst, bis du eine spürbare innerliche Erleichterung, Entspannung und Neutralisierung des entsprechenden Gefühls beziehungsweise der Emotion spürst), signalisierst du deinem Gehirn Folgendes: Auch wenn ich dieses negative Gefühl oder die bestimmte belastende Situation habe, ALLES IST GUT.

Ich kann mich selbst im Hier und Jetzt mithilfe meiner Inneren Kraft und Weisheit bewusst beruhigen, mich innerlich neu ausrichten und das Ganze zum Positiven bewusst verwandeln.

Schlüsselmoment❣ Denn ich kann meine Reaktion durch bewusstes Wahrnehmen des unangenehmen Gefühls verändern.

Was fühle ich gerade?

Die emotionale Freiheit liegt nämlich genau *zwischen* Reiz UND Reaktion. Durch das EFT-Klopfen erreiche ich genau das: Ein unangenehmes Gefühl mit dem zuvor unbewusst ausgewählten destruktiven Gedanken stellt den Reiz und die entsprechende automatische Reaktion ein.

Emotionale Selbstbestimmung und Freeeeeiheit lassen grüßen. 😌

Zum harmonischen Ausklang dieser wundervollen Methode kannst du gerne wieder einen kompletten EFT-Durchgang machen und dabei aufbauende Kraftsätze formulieren:

„Ich liebe und akzeptiere mich voll und ganz, wie ich bin, denn genau so bin ich richtig. Ich wähle jetzt neu, und ich bin bereit für ein Leben in Liebe/Vertrauen/Frieden/Freude/Gelassenheit/Dankbarkeit und Leichtigkeit. Ich sage Ja zu Liebe/Vertrauen/Frieden/Freude/Leben. Ich bin Liebe/Vertrauen/Frieden/Freude/Leben. Ich öffne mein Herz. Ich habe den Zugang zu ewiger und bedingungsloser Liebe in mir. Mein Herz sprüht vor Freude und Dankbarkeit. Ich liebe und werde geliebt. Ich bin Licht und Liebe."

Die Macht der bewussten Entscheidungen

Nun wird es Zeit für den zweiten Umschlag aus deinem Koffer. Nach den prickelnden und zuversichtlichen Impulsen aus dem ersten Tool „Innere Einstellung" darfst du dich nun auf die zweite Kernbotschaft freuen.

Du öffnest den Briefumschlag und das nächste leuchtend rote Wort zwinkert dir zu: **„SELBSTVERANTWORTUNG“** 😉

„Du bist für all deine Erfahrungen selbst verantwortlich.“

Die meisten Menschen fühlen sich bei dieser Aussage unbehaglich und empfinden das Gesagte als Vorwurf. Ein Vorwurf oder Kritik wiederum bewirken ein Gefühl der Schuld. Deshalb ist es wichtig zu begreifen, dass hier keinerlei Vorwurf vorliegt, sondern in der echten Selbstverantwortung ein riesengroßes Geschenk steckt.

Sie ist jene unsichtbare Kraft, die uns hilft, unsere Lebenserfahrungen zu erzeugen und diese zu unseren Gunsten zu verändern.

In diesem Kapitel beschäftigen wir uns mit der Macht, das Leben selbst in die Hand zu nehmen. Dies geht nur Hand in Hand mit der Selbstverantwortung, frei nach dem Motto: „Ich bin in meinem Leben die verantwortliche Macht“.

Von der Ohnmacht zur Macht

Wenn ein Baby auf die Welt kommt, ist sein Geist völlig rein und klar, sein Herz offen und empfänglich.

Wie jedes gesellig lebende Säugetier kommt auch ein Menschenkind mit einem ausgeprägten Ur-Bindungsinstinkt zur Welt. Es sucht Halt und Orientierung und braucht am Anfang des Lebens jemanden, von dem es lernen und nachvollziehen kann, wie das Leben auf diesem Planeten funktioniert.

Mit seinem anschmiegsamen Vertrauen, zarten Lächeln, einem großäugigen Blick und dem festen Umklammern unserer Finger erweckt der Säugling auch unseren Bindungs- beziehungsweise Beschützerinstinkt.

All diese und viele andere instinktive Verhaltensweisen sichern bereits seit Hunderttausend Jahren das Überleben. Indem sich das Kind vor allem an seine Eltern, älteren Geschwister oder engen Verwandten bindet, fühlt sich das Baby, Kleinkind bzw. Kind beschützt, sicher und geborgen.

In diesem sogenannten Theta-Zustand[3] lernt das Kind in den darauffolgenden Jahren eine unermessliche Menge an Informationen, die es braucht, um sich der Umgebung anzupassen und Fortschritte auf körperlicher, seelischer sowie geistiger Ebene zu entwickeln.

Daher beobachten Kleinkinder ganz genau ihre Umgebung und sind stets bestrebt, die Erwachsenen nachzuahmen und ihnen zu gefallen. Auf der unterbewussten Ebene vertrauen sie ihnen, weil sie glauben, dass sie ihnen Sicherheit vermitteln und ihre Grundbedürfnisse erfüllen können.

ALLES, was das Kind sieht, hört, fühlt, riecht und schmeckt sowie weitere Informationen erfährt es von seinen Eltern bzw. dem sozialen Umfeld und wird als „Wissen über die Welt" in seinem inneren Gedächtnisarchiv, dem Unterbewusstsein, abgespeichert.

Darüber hinaus gelangen auch alle Glaubenssätze, Vorstellungen, Konditionierungen, Dogmen sowie Überzeugungen ungefiltert, d.h. auf direktem Weg in den kindlichen Verstand und werden dort komplett mit DEM jeweiligen altersgerechten Bewertungsstand verinnerlicht, in dem das Erlebte stattgefunden hat.

Streng genommen bringen die Erwachsenen den Kindern von Geburt an bei, auf ihre vorbestimmte Art und Weise zu denken und die Welt so wahrzunehmen, zu begreifen und zu gestalten, wie sie es selbst gewohnt sind.

Des Weiteren werden alle Verhaltensweisen der Eltern bzw. Bezugspersonen, ganz gleich ob destruktiver oder aufbauender Art, **durch unbewusste Wiederholungen vom Kind mit der Zeit als selbstverständlich angenommen**. Unbemerkt gewöhnt sich das Kind daran, übernimmt die Überzeugungen, Denk-, Glaubens- und Verhaltensmuster seines sozialen Umfeldes und eignet sich deren Beschreibung der Welt als seine eigene an. Es nimmt sie als DIE Wirklichkeit an.

Dadurch, dass das Kind noch nicht das entsprechende Bewusstsein hat, um zu erkennen, ob bestimmte Begriffe oder Aussagen von seinen Eltern, Erziehungsberechtigten sowie von der sozialen Umwelt wahr sind oder als „verbaler Müll" deklariert werden könnten, werden sie in seinem unbewussten Mindset als „absolute Wahrheiten" einprogrammiert.

Dieses in gewisser Weise aufgezwungene Modell der scheinbaren Wirklichkeit versucht das heranwachsende Kind auch deshalb aufrechtzuerhalten, da es ihm ein Gefühl von Stabilität, Ruhe und Unveränderlichkeit bietet.

Seinem Alter entsprechend kann es noch nicht erkennen, dass diese Ansicht über die Wirklichkeit eine Täuschung und sogar Illusion ist, da sie nur einen Bruchteil der Wirklichkeit darstellt und nicht das Gesamtbild. Dennoch klammert sich das heranwachsende Kind an das ihm bekannte Weltmodell, da es für ihn in erster Linie eine wichtige primäre Selbstschutzfunktion erfüllt.

Im Laufe der Jahre kann es dann zu bestimmten unangenehmen Lebenssituationen sowie Schock- oder Trauma-Erlebnissen kommen, die die Vorstellung des Kindes über seine Bezugsperson/en sowie seine Umwelt auf unverständliche Art und Weise verzerrt. Das Kind beziehungsweise der heranwachsende Mensch empfindet eine tiefe Enttäuschung, die es/er aber nicht immer bewusst verarbeiten kann. Seine „heile Welt" gerät aus allen Fugen.

Genau in dieser Zeitspanne tritt ein sogenannter innerer Widerstand, ein gewisser Überlebensinstinkt in Form von **Angst vor Veränderung** ein.

Auch später, wenn wir schon längst erwachsen sind, melden sich diese „Ängste vor dem Unbekannten" in uns, z. B. wenn wir neue Vorhaben verwirklichen wollen. Oft maskieren sie sich als Krise, wenn wir in unserer seelischen und geistigen Entwicklung stecken geblieben sind.

Wir Menschen sind Entwicklungswesen

Alles ist Geist. Auch das Leben, die Liebe, Gott, Tao, „Innere Weisheit", „Kosmische Ur-Energie" oder „Reines Bewusstsein" genannt. Die Urquelle des Lebens ist ein **unendlicher, lebendiger Schöpfergeist**, der das ganze Universum und all seine

Lebensbedingungen, Dinge und jedes Atom durchdringt sowie den unendlichen Raum erfüllt.

Selbst die Ablehnung des universellen Prinzips des Geistes und damit dieser permanenten, ewig dauernden, allumfassenden, immer gegenwärtigen, lebendigen göttlichen Energie ändert nichts daran.

Sie pulsiert ständig, kann nicht vermindert werden, sich völlig auflösen oder gar sterben. Es findet nur konstante Transformation, also Umwandlung, statt. Der Grund liegt in den unterschiedlichen Schwingungsfrequenzen.

Das Höherschwingende (das höchste Selbst*) durchdringt, verändert und hebt das Niederschwingende (die Materie) und bildet so die Grundlage für das menschliche Selbst.

Somit unterliegt alles Geistige und alles geistig Erschaffene einem ständigen Wandel durch geistiges Wachstum. Es gibt keinen Stillstand im Universum, sondern nur immerwährende Bewegung.

*Eine kleine Anmerkung am Rande:
Geist ist nicht gleichzusetzen mit Verstand. ***Unser Verstand ermöglicht ein bewusstes Handeln und ist*** *ein tief in unserem menschlichen Selbst (Ich-Identität, Persönlichkeit, Individuum)* ***verankertes Instrument, was dazu dient, sich selbst, Dinge oder Situationen auf rationaler Ebene zu analysieren.*** *Seine auszuübende Tätigkeit beziehungsweise sein Bestimmungszweck wird überschritten, sobald Eindrücke und Gefühle kritisch be- oder verurteilt werden.*

Zudem ist der menschliche Verstand nicht in der Lage, ein tieferes, ganzheitliches Verständnis zu erfassen und verhindert jegliche Art von Wandel und Entwicklung.

Damit will der Ego-Verstand unserer Wahrnehmung oberflächliche, illusorische Gedanken, wie zum Beispiel „Ich kann das nicht“, eintrichtern, welche wiederum unangenehme Gefühle und zum größten Teil Ängste auslösen können.

Diesbezüglich ist der Verstand mit der Angst stark verstrickt und verleitet, wenn wir ihm zu viel Aufmerksamkeit und Glauben schenken, zu einem illusorischen, von Ängsten gelenkten Selbst.

Wenn alles Energie ist, so sind wir Menschen Energiewesen, die durch ihre Gedanken und den daraus resultierenden Gefühlen bzw. Handlungen Energie erzeugen.

Das ist auch der Grund dafür, dass der Mensch mit seinem Bewusstsein fähig und sehr wohl imstande ist, das eigene Sein zu bestimmen und das volle menschliche Potenzial in seinem Leben zu realisieren, vorausgesetzt, er ist gewillt und dazu bereit.

Schlüsselmoment❣ Die höchste Macht jedes Menschen liegt in der Schöpferkraft durch die bewusste Wahl der Gedanken, denn mit ihm erschafft der Mensch seine eigene Welt – ständig, d. h. jeden Tag, jede Stunde, jede Minute und jede Sekunde!

Negative und destruktive Gedanken ziehen unangenehme Lebensumstände, Krankheiten, Konflikte in den Beziehungen und weitere Herausforderungen an.

Im Gegensatz dazu tragen die positiven, aufbauenden Gedanken zu Lösungen, gutem Wohlbefinden, harmonischen Beziehungen und persönlichen Erfolgen bei.

Die logische Konsequenz daraus ist, dass jeder Mensch durch sein Denken, ob bewusst oder unbewusst, eine 100-prozentige Verantwortung für all seine Schöpfungen, Gedanken, Gefühle, Handlungen, nicht durchgeführte Aktionen, Entscheidungen, Ereignisse, Lebenszustände, Abhängigkeiten, Verstrickungen und Emotionen trägt.

Durch die Selbst- bzw. Eigenverantwortung kommen wir in *die Bereitschaft*, für das eigene Handeln, Fühlen und Denken und auch für deren mögliche Konsequenzen Verantwortung zu übernehmen.

Selbstverantwortung bedeutet schlussfolgernd, das eigene Leben in die Hand zu nehmen, bewusste Entscheidungen zu treffen und somit direkten Einfluss zu bewirken.

Innerer Zustand als Grundlage für den eigenen Lebensstandard

Wenn wir Verantwortung für unser Leben übernehmen und für das eigene Glück verantwortlich sind, haben wir viel mehr Spielräume, Optionen und vor allem Entscheidungsmöglichkeiten.

Natürlich lassen sich manche Umstände nicht ändern, denn in der Regel haben wir unsere privaten und beruflichen Verpflichtungen. Aber jeder Mensch kann in jedem Moment des Lebens entscheiden, wie er mit seiner Lebenszeit und dem Leben generell umgeht.

Bevor wir uns der Gestaltung der eigenen Lebensstrategie widmen, würde ich dir gerne drei Steckbriefe zum jeweiligen menschlichen Entwicklungszustand vorstellen.

Diese sind aus den unzähligen intensiven Gesprächen mit Frauen entstanden und bieten eine interessante Grundlage für bewusste Entscheidungen im Leben.

Diese Steckbriefe habe ich in den „Kindes-, Teenager- und Erwachsenenmodus“ unterteilt. Die Bezeichnungen dienen nur der symbolischen Erklärung und beziehen sich völlig wertfrei auf den Bewusstseinszustand eines jeden Menschen.

Beginnen würde ich mit den Unterschieden zwischen Kind und Erwachsenem, da diese Aspekte in unserer Persönlichkeit die größten Rollen bei Entscheidungen spielen.

Infantiler innerer Zustand – Kindmodus Passive Lebensposition	Schöpferischer innerer Zustand – Erwachsenenmodus Aktive Lebensposition
REIZE von außen = emotionales REAGIEREN	REIZE von außen – bewusste ENTSCHEIDUNG basierend auf der eigenen LEBENSSTRATEGIE durch AGIEREN (handeln)
Emotionale Unreife	Emotionale Reife

Niedrige, instinktive Emotionssteuerung Unbewusster (Überlebens-) Modus	Bewusstere Emotionssteuerung Ist sich des schöpferischen Gebrauchs von Gedankenkraft bewusst
Unbewusster Ohnmachts-/ Abhängigk.-Modus	Übernahme der VOLLEN Verantwortung (Macht) in allen Lebensbereichen
Unbewusster Opfer-, Tätermodus	Loyale, wertschätzende Einstellung sich selbst und anderen Menschen gegenüber
Niedriges Selbstvertrauen in sich selbst Kein Vertrauen ins Leben	Hohes Selbstvertrauen in sich selbst Bejahende Einstellung dem Leben gegenüber. Grundlebenshaltung: LEBEN IST LIEBE. Starkes, unerschütterliches Selbstvertrauen und Vertrauen ins Leben = Verbundenheit mit Gott, Universum, dem Ursprung allen Seins
Zugang zu Seele ist blockiert	Vertrauensvolle, konstante Verbindung zu eigener Seele und zum „Höchsten Selbst“
Im Gedankenkarussell der Vergangenheit (Schuld- und Schamgefühle) oder der Zukunft (Ängste und Sorgen) Ein „Mangel-an-Ressourcen“-Bewusstsein Unklare bzw. keine eigene Lebensvision Keine eigenen Werte, Credo, fremde Ziele	Ein Erschaffung der eigenen Realität durch bewusste, FREIE WAHL der Gedanken, Emotionen und Handlungen Ein „FÜLLE-an-Ressourcen“-Bewusstsein Eigene, klare LEBENSVISION Bewusstwerdung und Klarheit der eigenen Werte, Herzenswünsche, Credo, Absichten und Lebensziele
Keine Prioritätssetzungen	Klare Prioritätssetzungen

Verstrickt in fremdbestimmte Verhaltens-, Reaktionsmuster & Fremdbeeinflussungen	Erkennen der eigenen INNEREN KRAFT und des Einflusses auf selbstbestimmte, neue Verhaltens- und Reaktionsmuster
Soziale Isolation, kein Vertrauen zur Umwelt	Kooperations- und Netzwerkgründungen
Geben und Empfangen im Ungleichgewicht	Geben und Empfangen im Gleichgewicht
Fühlt sich den Umständen ausgeliefert	Nimmt Hilfe, Unterstützung aus Büchern, Coachings oder professionellen Beratungen an
Ohne Lebenssinn	Erkennen des sinnvollen Mit-Schöpfertums zum höchsten Wohl von sich selbst, der Menschheit, aller Wesen und des Universums
Unfreiheitsgefühl	Inneres und äußeres Freiheitsgefühl
Kann kein klares Nein sagen	Klare Abgrenzung und Nein sagen können sind möglich
Schwache, löchrige persönliche Grenzen	Starke, durchgehende persönliche Grenzen – mit bewusster Filterfunktion Mensch entscheidet selbst, welche Art von Energien und Informationen er in sein Leben lässt

Schauen wir uns im nächsten Schritt die ausgearbeiteten Stichpunkte zum ergänzenden „Modus eines Teenagers“ an, welchen ich auch gerne als „Inventur des eigenen Lebens“ bezeichne.

Innerer Übergangszustand – Teenagermodus
Chaos-, Krisen-, Isolierungs- sowie Heilungszeit

- Erwachen des eigenen Bewusstseins
- Erkennen von bestimmten, sich wiederholenden Situationen und Ereignissen im eigenen Leben
- Erkennen und Erkenntnisse über Ursache-Wirkung-Konsequenzen und ihre Resultate
- Wer BIN ICH wirklich?
- Was will ich, MEIN HERZ, wirklich in diesem Leben?
- WOHIN (Neuausrichtung) soll meine Reise gehen?
- Wahrnehmung der Verdrängungsmechanismen und energetischen Blockaden
- Bewusstere Entscheidungen zum eigenen höchsten Wohl
- BEREITSCHAFT für selbstbestimmte Veränderungen im eigenen Leben
- Übernahme der Eigenverantwortung für das eigene Leben
- Ehrliche Selbstreflexion
- Selbstvergebung
- Vergebungsrituale zu anderen Menschen
- Vergebungszeremonie von Vater und Mutter = Balance der männlichen und weiblichen Energie in sich selbst
- Aufbau der eigenen persönlichen Grenzen = gesunde Autonomie„Dicke Wände" (Isolierung) um die persönlichen Grenzen herum ->diese unterstützen beim emotionalen Eigenschutz vor negativen Energien, Schmerz, Enttäuschungen, Ängsten.
- Nachteil dabei ist, dass auch das Gute, wohlgemeinte Hilfe und Unterstützung von außen vorübergehend nicht angenommen bzw. empfangen werden können.

Wenn du dir dieses metaphorische Trio anschaust, welche Gedanken und Assoziationen fallen dir dazu spontan ein?

Spürst du auch bestimmte Gefühle und Körperempfindungen bei einigen der Stichwörter? Wie äußern sich diese?

Angenommen, du stehst vor einer wichtigen Entscheidung, welche deinen gesamten weiteren Lebenslauf beeinflussen könnte, aus welchem inneren Zustand heraus würdest du gerne die entsprechende Entscheidung treffen?

Zugegebenermaßen befinden sich alle drei Aspekte in jedem von uns. Als Beispiel möchte ich gerne eine kleine Anekdote dazu aus meinem Leben erzählen:

Seit ich denken kann, habe ich mich mit den Themen Psychologie und Persönlichkeitsentwicklung befasst. Daraus entwickelte sich wie selbstverständlich ein Bewusstsein in mir, regelmäßig in meine mentale und seelische Bildung bzw. Entwicklung zu investieren.

Diese Gewohnheit half mir vor allem in akuten Krisenzeiten, ausgewählte Kurse verbindlich zu buchen und konkrete Lebensthemen zu bearbeiten. Mein Umfeld reagierte damals darauf oft mit Unverständnis. Auch weil ich zum größten Teil kurzfristig auf beispielsweise Kleidung oder Urlaubsreisen verzichtete und stattdessen in Bildung und damit in mich investierte. Intuitiv wusste ich, dass diese Investitionen langfristig einen positiven Erfolg auf alle meine Lebensbereiche haben würden.

Eines Tages buchte ich einen Kurs, in dem es um Potenzialentwicklung ging. An einen Schlüsselmoment erinnere ich mich heute noch mit einem Schmunzeln, denn bei einer Aufgabe sollte ich die Frage beantworten, in welchem Bewusstseinszustand ich mich befände.

Da ich gerade vor Selbstbewusstsein strotzte, beantwortete ich sie damit, dass ich die totale Kontrolle über mein Leben hätte und dieses schon zum größten Teil nach meinen Vorstellungen verlaufen würde.

Doch Pustekuchen! Rückblickend gesehen, handelte es sich bei mir mit dieser Aussage um reines Wunschdenken und kam dazu noch aus dem „Kindmodus“. Schon damals flüchtete ich mich in gedankliche Fantasien, um der eigentlich tief unglücklichen Realität zu entfliehen.

Es brauchte einige Jahre an zusätzlicher Lebenserfahrung und einiger Krisen, um zu der tiefgreifenden Erkenntnis zu gelangen, dass ich mich im Laufe meines Lebens immer in einem der Zustände wiederfinden würde.

That's life! Alles darf in mir sein, *und* gleichzeitig ist mein Vektor aus meinem Herzen heraus auf ein erfülltes, selbstbestimmtes und glückliches Leben als bewusste Schöpferin ausgerichtet.

Genauso bewusst bin ich aus diesem rationalen Hamsterrad der Selbstoptimierung à la „höher, schneller, weiter“ ausgestiegen. Vorher herrschten die Gedanken, wenn ich mich nur genug selbst optimiert habe, kann ich mich gut fühlen, mich lieben und akzeptieren sowie meine Erfolge und mein Leben genießen.

„Ich bin gut genug so, wie ich bin.“

In der damaligen Zeit tat ich unbewusst so, als ob mein Leben eine Generalprobe wäre und das richtige Leben irgendwann später erst beginnen würde.

Heute pflege ich eine realistische und gesunde Erwartungshaltung an mich selbst und an das Leben. Außerdem lerne ich immer besser die Gegensätzlichkeiten wie

- der menschliche, unvollkommene sowie göttliche vollkommene Anteil in mir
- Angst und Liebe
- Verstand und Intuition
- Anstrengung und Regeneration
- Erfolg und Misserfolg
- Ohnmacht und Macht
- Ich darf mich gut und ich darf mich schlecht fühlen
- Es gibt die ruhigen, angenehmen sowie die unruhigen, unangenehmen Zeiten in meinem Leben in mir ganzheitlich anzuerkennen und sie sein zu lassen.

Die persönliche Aufbruchszeit, von mir auch als wertvolle Zwischenbilanz des eigenen Lebens bezeichnet, ist nur eine bestimmte Phase des Lebens.

Achtsamkeitsübung: „Die Inventur meines Lebens"

Diese Achtsamkeitsübung liefert dir eine Momentaufnahme deiner aktuellen Situation. Durch sie kannst du jeden deiner Lebensbereiche auf **Stimmig- und Sinnhaftigkeit** überprüfen.

Sie unterstützt dich zudem dabei, deine Energie und Aufmerksamkeit gezielt in die jeweiligen Bereiche zu lenken, welche bei dir gerade oder schon seit längerer Zeit für Unzufriedenheit sorgen.

Der Zweck dieser Lebensinventur ist es, persönliche Bedürfnisse zu ermitteln und adäquate Ziele, also die Veränderung der Gewohnheiten, zu setzen, die mit den eigenen Grundwerten in Einklang sind.

Die zusätzlichen Reflexionsfragen unterstützen dich dabei, das entsprechende Thema aus den verschiedenen Blickwinkeln zu beleuchten.

Schritt I: Essenzielle Lebensbereiche mit Reflexionsfragen

1. Beziehung zu sich selbst

- Wie stimmig ist deine Beziehung zu dir selbst?
- Welche Art von inneren Dialogen führst du überwiegend mit dir selbst?
- Bist du dir selbst in großer Liebe zugewandt?
- Hörst du auf die Stimme deines Herzens (Intuition), d. h., wie spürst du Unstimmig- bzw. Stimmigkeiten in einer aktuellen Situation?
- In welcher Stimmung, in welchem Grundgefühl befindest du dich oft?
- Findest du genug Zeit für dich? Hast du genügend Ruhepausen?
- Wie bewertest du den Umgang mit deiner Zeit? Möchtest du etwas ändern?
- Was bedeutet Spiritualität für dich?
- An welche geistigen Werte glaubst du?
- Wenn ja, wie viel Raum nimmt Spiritualität in deinem Leben ein?
- Wohin soll die Reise in deinem Leben gehen?
- Hast du eine größere Lebensvision?

2. Gesundheit und Wohlbefinden

- Was bedeutet für dich Gesundheit, und wie achtest du auf sie?
- Liegen bei dir irgendwelche Krankheiten vor?
- Wie würdest du deinen aktuellen Energielevel beschreiben?
- Fühlst du dich momentan körperlich und mental fit?
- Wie oft bewegst du dich regelmäßig?
- Ernährst du dich ausgewogen?
- Wie sehen dein Schlafrhythmus und deine Schlafqualität aus?
- Wie würdest du die Beziehung zu deinem Körper beschreiben?
- Kannst du regelmäßig Entspannungstechniken in deinem Alltag integrieren?

- Nimmst du dir bewusst Zeit für die körperliche und seelische Regeneration?
- Empfindest du das Leben als Genuss?
- Was bedeutet Freizeit für dich?
- Was wolltest du in deiner Freizeit schon immer mal ausprobieren und erleben?
- Hast du ausreichend Zeit für Hobbys und Interessen, die dich bereichern und erfreuen?
- Wie sieht deine Abenteuerlust zurzeit aus?

3. (Ehe-)Beziehung

- Wie definierst du für dich selbst Liebe?
- Fühlt sich deine Partnerschaft oder Ehe stimmig an? Erfüllt sie dich?
- Ist sie von Liebe, Vertrauen, Dankbarkeit, gegenseitiger Würdigung und Wertschätzung geprägt?
- Wie verläuft die Kommunikation zwischen dir und deinem (Ehe-)Partner?
- Wie erfüllt ist dein Sexualleben?
- Kannst du frei und vertrauensvoll mit deinem Partner über deine Wünsche und sexuellen Bedürfnisse sprechen?
- Was erwartest du von einer Beziehung?
- Ist das Geben und Empfangen zwischen euch im Gleichgewicht?
- Wie definierst du deine Rolle als (Ehe-)Lebenspartnerin?

4. Gemeinschaft & Umfeld

- Wie erfüllt fühlst du dich in deinen zwischenmenschlichen Beziehungen?
- Welche Rolle spielen Beziehungen im Allgemeinen?
- Verbringst du gerne und ausreichend Zeit mit deinem Partner, deinen Kindern, der Familie und deinen Freunden?
- Was bedeutet für dich Freundschaft?

- Wie herzlich sind deine Beziehungen zu deinem Vater, deiner Mutter, den Kindern, zu deinen Geschwistern, zu Expartnern sowie zu deinen Nachbarn?
- Wie wichtig ist dir die Gemeinschaft?
- Was ist deiner Meinung nach der Sinn einer Gemeinschaft?
- Bist du ein Teil einer Gemeinschaft und teilst ihre Werte?
- Welchen Beitrag leistest du innerhalb der Gemeinschaft?
- Fühlst du dich in deinem aktuellen (privaten und beruflichen) Umfeld wohl, und ist es energiespendend oder energieraubend?
- Welche Aspekte deines Umfeldes und deines Wohnortes sind dir am wichtigsten?
- Wo fühlst du dich am glücklichsten?
- Was bedeutet „Zuhause" für dich?

5. Selbstverwirklichung

- Was bedeutet dir deine persönliche Selbstverwirklichung?
- Welche Rolle spielt die Entwicklung deiner Persönlichkeit in deinem Leben?
- Investierst du regelmäßig Ressourcen wie Zeit, Aufmerksamkeit und Geld in die Wissensbereiche, die dich interessieren und weiterbringen?
- Was sind deine Charakterstärken?
- Wo liegen deine Charakterschwächen?
- Was steht deinem persönlichen Wachstum oft im Weg?

6. Finanzen

- Wie denkst du über Geld?
- Welche Gefühle tauchen bei dir am häufigsten auf, wenn du an Geld denkst?
- Wie steht es konkret um deine Finanzen?
- Hast du ausreichend finanzielle Ressourcen, um deine laufenden Kosten zu decken, Geldvermögen aufzubauen

und dir kurzfristig oder langfristig materielle Güter zu kaufen?
- Welchen Stellenwert nehmen Finanzen in deinem Leben ein?
- Wie wichtig ist dir Geld und finanzieller Reichtum?

7. Berufliche Expertise

- Wie definierst du für dich selbst Arbeit und Karriere?
- Wie zufrieden bist du in deinem Beruf?
- Genießt du dein Arbeitsleben und hast du Spaß bei deiner Arbeit?
- Bietet dir deine Arbeit ein Mindestmaß an Abwechslung?
- Erhältst du soziale Unterstützung und Anerkennung?
- Fühlst du dich gesehen und geschätzt?
- Wie ist dein Verhältnis zu deinen Vorgesetzten bzw. zu den Kollegen?
- Gibt es eine sinnvolle Beziehung zwischen deiner Arbeit und deinem sozialen Umfeld?
- Eröffnet dir deine Arbeit Perspektiven für die Zukunft?
- Kannst du durch deine Arbeit in der Welt etwas zum Besseren verändern?
- Bist du zufrieden mit deiner Anstellung oder deiner Selbstständigkeit?

Schritt II: Bestimme deinen Zufriedenheitsgrad

Nachdem du die Fragen (im Idealfall schriftlich) beantwortet hast, geht es nun darum, zu bestimmen, wie zufrieden du in den einzelnen Bereichen deines Lebens bist.

Dafür eignet sich eine Bewertungsskala von 1– 10, wobei die 1 für „überhaupt nicht zufrieden“ steht und die 10 für „sehr zufrieden“.

An dieser Stelle möchte ich dich wieder daran erinnern, dass es sich hier um eine Zwischenbilanz deines bisherigen Lebens handelt.

Unsere Prioritäten, Erwartungen und Umstände können sich stetig im Leben verändern.

Um die Balance in allen Lebensbereichen zu finden, dürfen wir nicht an alten, ineffektiven Denkweisen und Gewohnheiten festhalten, sondern müssen uns offen und interessiert auf den andauernden kreativen Lebensprozess einlassen.

Schritt III: Definiere deine Werte

Im nächsten Schritt geht es darum, zu überlegen, welche drei persönlichen Wertesysteme, d. h. positiv betrachtete Eigenschaften du aktuell mit dem jeweiligen Lebensbereich verbindest. Notiere sie dir unbedingt. Zudem machen wir einen kleinen Exkurs zum Begriff „persönliche Werte".

Beispiel für ein Wertesystem:
Familie → Liebe, Sicherheit, Fürsorge

Jeder Mensch hat seine eigenen Werte. Sie stellen etwas sehr Persönliches und Intimes dar. Umgangssprachlich sind Werte schlichtweg die inneren Überzeugungen, die sich als Glaubenssätze, Verhaltensmuster, Eigenschaften, Abneigungen und Vorlieben widerspiegeln.

Sie zeigen, was du ethisch und moralisch als richtig und stimmig erachtest und empfindest. Des Weiteren machen sie dich zu dem Menschen, der du bist. Sie sind sozusagen deine persönliche Visitenkarte.

Es lohnt sich auf jeden Fall, dir deine „unbewussten" Werte direkt vor Augen zu führen, denn sie bestimmen deine Gedanken, die daraus resultierenden Handlungen und damit dein Leben.

Deine persönlichen Werte sind wie ein innerer Kompass, der dich durch die verzweigten Wege des Lebens führt und darin unterstützt, deine eigene Vorstellung vom Leben zu verwirklichen.

Darüber hinaus können deine Werte dir dabei helfen, deine eigenen Ziele und Absichten zu identifizieren und mit Leichtigkeit zu erreichen. Um die entsprechenden Ziele zu erreichen, bedarf es hier einer entsprechenden Voraussetzung, d. h., du musst **auch nach deinen Wertvorstellungen leben**.

Werte können sich verändern, da das Leben im ständigen Wandel ist. Deshalb lohnt es sich, immer mal wieder innezuhalten und sich zu fragen,

- welche Werte fallen mir spontan zu den jeweiligen Lebensbereichen ein?
- lebe ich bereits die Werte, die mir wichtig sind?
- führe ich mein Leben im Einklang mit meinen Werten?

Ideen-Sammlung für deine persönlichen Werte:

Abenteuer Achtsamkeit Akzeptanz Anerkennung Anstand
Aufgeschlossenheit Aufmerksamkeit Ausgeglichenheit Authentizität
Autonomie Begeisterung Besonnenheit Dankbarkeit Disziplin Effizienz
Empathie Entscheidungsfreude Flexibilität Freiheit Freude Freundlichkeit
Frieden Fröhlichkeit Fülle Geduld Gelassenheit Gesundheit Glaube
Glaubwürdigkeit Großzügigkeit Güte Harmonie Herzlichkeit Hilfsbereitschaft
Humor Hingabe Höflichkeit Innovation Inspiration Integrität
Intelligenz Interesse Intuition Liebe Kreativität Leichtigkeit Loyalität
Mitgefühl Mut Nachhaltigkeit Nächstenliebe Offenheit Optimismus Fantasie
Präsenz Professionalität Ruhe Realismus Respekt Rücksichtnahme
Sanftmut Selbstbewusstsein
Selbstliebe Selbstvertrauen
Sensibilität Sicherheit
Solidarität Schönheit
Spaß Standfestigkeit
Sympathie Treue
Toleranz Verantwortung
Vergebung Vertrauen Würde
Weisheit Wachsamkeit Wertschätzung Wohlwollen Zielbewusstsein Zufriedenheit

Schritt IV: Komm ins Handeln

Nun geht es um das Formulieren deiner Ziele für jeden Lebensbereich bzw. wie du den gewünschten Zustand erreichen möchtest.

Formuliere jeweils ein Ziel für jede Lebenssparte und notiere dir dazu eine neue Gewohnheit, die du die nächsten 7 Wochen in deinem Alltag etablieren wirst.

Nach den 7 Wochen überprüfst du in einem Selbstcheck deine Absichten und Ziele. Entscheide dann, ob du diese Rituale fortsetzen beziehungsweise neue, ergänzende Gewohnheiten in deinem Leben integrieren möchtest.

Folgende Fragen können dir helfen, deine Ziele zu formulieren:

- Welche Veränderungen möchte ich in diesem Lebensbereich sehen und erleben?
- Was brauche ich dafür, und welche Fähigkeiten, Ressourcen und Wissen habe ich bereits, um eine Neugestaltung zu bewirken?
- Wie könnte der erste kleine Schritt aussehen?
- Wie möchte ich mich fühlen, wenn ich dieses Ziel erreicht habe?
- Wie sieht das beste Szenario der entsprechenden Lebenssparte aus?

„Jeder Mensch verfügt bereits über all‘ die notwendigen Ressourcen, um seine eigenen Wunschziele zu realisieren.“

Schritt V: Kreiere dein liebstes Lebensmotto

Wozu soll ein Credo dienen? Ein Lebensmotto fungiert als motivierender Erinnerungsanker und erinnert dich somit an deine eigenen Prinzipien und Ziele.

Gehst du durch schwierige Zeiten, kann es sich als ein Leuchtturm erweisen, der dir den Weg aus der Dunkelheit weist bzw.

dich auf den Weg zurückführt, den du aus den Augen verloren hast.

In Holland sagt man dazu „Humor ist das Öl in der Lebenslampe". Es bedeutet, dass eine lustige, amüsante Lebensweisheit dich jederzeit zum Lachen bringen und dadurch zu mehr Gelassenheit in deinem Leben beitragen kann.

Entscheidungsfreude durch Selbstverantwortung

Nun sind wir schon beim Resümee des zweiten machtvollen Tools „Selbstverantwortung" angelangt.

Für sich selbst Verantwortung zu übernehmen, ist eine grundlegende Einstellung, denn sie ist der Motor hinter einem erfüllten, erfolgreichen und glücklichen Leben.

Willst du dein Leben nach deinen eigenen Werten selbst bestimmen und lenken, ist dies die große und bewusste Voraussetzung, wenn du dein Schicksal als geniale, einzigartige Schöpferin nach deinem Willen gestalten willst.

Selbstverantwortung bedeutet im Kern, die Kontrolle über das eigene Leben zu haben und die Freiheit zu besitzen, Gedanken, Handlungen und Lebensumstände – **auf Basis des eigenen Lebenscredos, der persönlichen Werte und der**

harmonischen Einigkeit zwischen dem Verstand und der Intuition – durch neue und bewusste Entscheidungen selbst zu wählen.

„Sich selbst zu lieben ist der
Beginn einer lebenslangen Romanze."
Oscar Wilde

Die Macht des bewussten Fühlens

Es ist so weit. Du hältst nun den dritten und entscheidenden Umschlag in der Hand. Dieses Mal spürst du ein leichtes Kribbeln in deinen Händen und ein Gefühl der freudvollen Vorahnung, dass dieser Baustein die anderen zwei Tools „Innere Einstellung" und „Selbstverantwortung" harmonisch ergänzen wird.

Nach dem Öffnen des Briefumschlags ziehst du einen Zettel heraus und erblickst die dritte Kernbotschaft **„SELBSTLIEBE"**.

Was steckt hinter dem Phänomen Selbstliebe? Was ist sie genau, und warum ist sie so wichtig in unserem Leben?

Die Definition von Selbstliebe bezeichnet die allumfassende Annahme seiner selbst in Form einer bedingungslosen Liebe zu sich selbst.

Es geht darum, sich selbst genauso zu akzeptieren, wie man hier und jetzt ist, das bedeutet mit all seinen Fehlern, Schwächen, Macken, Ecken und Kanten, Eigenheiten, aber auch mit all den einzigartigen Besonderheiten, Kompetenzen, Talenten, Begabungen, Können und Stärken.

Ein Mensch, der glaubwürdige Selbstliebe praktiziert

- hat die Gewissheit, selbst gut genug und wertvoll zu sein.
- behandelt sich liebevoll und achtsam.
- hat ein positives Selbstbild
- pflegt einen liebevollen und aufbauenden inneren Dialog.
- hat ein starkes, wachstumsförderndes Mindset.
- ist mit sich selbst im Reinen.
- fühlt sich im eigenen Körper wohl.
- tut, was seinem Körper und seiner Seele wirklich guttut.
- genießt Zärtlichkeiten und die eigene Sexualität.
- nimmt zeitnah Rücksicht auf die eigenen Bedürfnisse.
- steht jederzeit loyal und zu 1000 % zu sich selbst.
- vertritt seine eigenen Wünsche und Interessen gegenüber anderen.
- stellt keine Vergleiche mit anderen Menschen an.
- ist sich seiner Einzigartigkeit bewusst.
- akzeptiert die Charakterschwächen und fokussiert sich auf die Stärken.
- freut sich über Glück und feiert alle kleinen und großen Erfolge.
- versprüht positive Ausstrahlung und Charisma.
- äußert seine Liebe freigiebig.
- kann die Liebe von anderen Menschen annehmen.
- ist empathisch und nimmt liebevoll Rücksicht auf andere.
- wertschätzt sich selbst wie seine Familie, Freunde und das soziale Umfeld.

Selbstliebe ist somit der Schlüssel zu mehr Zufriedenheit und Erfüllung im Leben. Zudem wird ein Mensch, der sich selbst uneingeschränkt liebt und akzeptiert, zu einem begeisterten Fan der eigenen Person.

Des Weiteren ist er nicht auf die Zuneigung anderer Menschen, den Zuspruch und die Anerkennung von außen angewiesen. Das bewirkt eine mentale und emotionale Freiheit.

Liebe ist ein menschliches Bedürfnis und fehlt es an Selbstliebe, wird derjenige abhängig von der Liebe und Anerkennung anderer. Es entsteht eine emotionale Abhängigkeit, welche wiederum keine gute Basis für eine gleichberechtigte Beziehung auf Augenhöhe darstellt.

Ein anderes destruktives Muster findet sich darin, wenn die Liebe zu mir selbst oder zu anderen Menschen mit Bedingungen verknüpft wird. „Ich liebe mich erst dann, wenn …" beziehungsweise „Ich liebe dich, wenn …" – dies ist keine Liebe, sondern Kontrolle.

An dieser Stelle ist es wichtig, dieses häufig von der Umwelt übernommene Muster aus der Kindheit wahrzunehmen und zu lernen, auf Kontrollwünsche gegenüber anderen zu verzichten.

Es lebt sich leichter und erfüllter, indem ich mir gestatte, ich selbst zu sein und allen anderen Menschen dasselbe zugestehe.

Alle hier aufgeführten Punkte klingen erstrebenswert, daher stellt sich nun die Frage: Wie können wir Selbstliebe lernen?

Dies geschieht, indem wir lernen, eine positive Einstellung und Haltung uns selbst gegenüber zu entwickeln, d. h. auf das, worauf wir Einfluss nehmen können. Das erreichen wir durch tägliches, bewussteres Wahrnehmen unserer Gedanken, Gefühle und Handlungen (durch Übung).

Selbstliebe zu lernen ist daher ein Prozess, den wir absichtlich in Gang setzen und in unser tägliches Alltagsleben einfließen lassen.

Glücklicherweise gibt es so einige konkrete Tipps und Übungen, um sich an dieses *lebensbegleitende Grundgefühl zu erinnern und sich selbst zu erlauben*, aus dieser ursprünglichen Kraft heraus zu leben.

Hier sind drei meiner Favoriten, mit deren Hilfe du lernst, dich aus dem tiefsten Herzen zu lieben und dich als die Persönlichkeit, die du bist, wertzuschätzen.

Die Frau im Spiegel

Bei dieser Methode von Louise L. Hay, die auch „Spiegelarbeit" genannt wird, geht es darum, dass du in einen Spiegel blickst und dabei liebevolle Affirmationen und Komplimente sprichst.

Indem du dir selbst tief in die Augen blickst, ist es ganz so, als würdest du dich **direkt an deine Seele wenden**.

Führe diese Übung täglich durch, damit sie zum selbstverständlichen Bestandteil deiner Alltagsroutine wird. Du könntest sie z. B. mit dem morgendlichen Zähneputzen verbinden.

Das ist die wirksamste und tiefgreifendste Methode, die ich kenne, um sich selbst lieben zu lernen. Wenn du sie praktizierst, wirst du dir deiner Worte und deines Verhaltens viel bewusster werden. Auch wirst du erleben, dass du – durch den täglichen Kontakt zu deiner Seele – anfängst, auf einer viel tieferen Ebene gut für dich zu sorgen.

Es ist das liebevollste Geschenk, das du dir selbst machen kannst.

Je häufiger du die Spiegelarbeit dazu nutzt, um dir selbst während des Tages kleine herzliche Botschaften zu senden, desto eher erreichst du eine tiefe, freudvolle und mit innerer Ruhe erfüllte Beziehung zu dir selbst.

Achtsamkeitsübung: „Ich liebe dich wirklich."

„Liebe ______________________________________
(setze hier deinen Vor- und Nachnamen ein),
ich liebe dich von ganzem Herzen.
Ich liebe dich sehr.
Du bist meine beste Freundin, und ich genieße das Leben mit dir.
Das Leben mit dir ist wunderschön, faszinierend und voller Freude.
Durch welche Erfahrungen ich auch hindurchgehe, meine Liebe zu dir bleibt immer bestehen.
Zusammen haben wir ein gutes, erfülltes Leben, und es wird jeden Tag und in jeder Hinsicht immer besser und besser.
Mein Leben wird von Liebe geleitet, und meine innere Ruhe, Sicherheit und Gelassenheit wachsen täglich Stunde um Stunde.
Tief im Zentrum meines Seins wohnt eine unendliche Liebe.

Ich öffne mich für die Liebe in mir.
Alle Liebe beginnt mit mir selbst.
Ich liebe dich.
Ich liebe dich wirklich."

Vergib dir selbst

Stell dir vor, du lebst in einer Beziehung zu einem Menschen, gegen den du einen Groll hegst oder dem du permanent Vorwürfe und ein schlechtes Gewissen machst. Du verurteilst diesen für sogenannte Fehler, für „falsche" Entscheidungen und löst dadurch Scham- und Schuldgefühle aus.

Liebe und Vertrauen zu empfinden, wird hier schwierig sein. Genauso ist es in der Beziehung zu dir selbst.

Mache dir bewusst, dass du unbewusst ge- und verurteilt hast. Du hast seit deiner Kindheit getrenntes, abwertendes Denken gepflegt und dadurch in dir selbst Leiden erzeugt.

Schlüsselmoment❣ Du wusstest es nicht anders. Du hast immer dein Bestes gegeben, mit der entsprechenden Einsicht und dem Bewusstsein, über das du zum jeweiligen Zeitpunkt verfügt hast.

Ja, vielleicht bist du heute weiser und lebst viel bewusster und achtsamer, aber du begehst in Wirklichkeit Selbstverletzung, da du dir ständig Selbstvorwürfe machst, dass du es damals anders und besser hättest machen müssen.

Alle Urteile in Form von kritisierenden und herabsetzenden Gedanken, die du von anderen Menschen über dich gehört und gelernt hattest, wurden von dir bisher für „wahr" gehalten. Doch es sind gedankliche Irrtümer, die erfreulicherweise jederzeit korrigiert und nivelliert werden können.

Indem du bewusst die Entscheidung triffst, neu und völlig anders sowie liebevoll über dich selbst zu denken, legst du eine Grundlage für ein glückliches Leben und harmonische Beziehungen.

Deshalb ist Selbstvergebung ein entscheidender Schritt auf dem Weg in die dauerhafte und tiefe Liebe zu sich selbst.

Achtsamkeitsübung: „Mein neues Commitment zu mir selbst“

Deine Entscheidung könnte sich wie folgt anhören:
„Ich, ____________________________________ (dein Vor- und Nachname), bin heute bereit, einen Schlussstrich unter meine bisherige Vergangenheit zu ziehen.
Ich öffne mein Herz und meinen Geist und nehme mich so liebevoll und bedingungslos an, wie ich bin.
Ich erkenne an, dass ich ein geistiges Wesen der Liebe und des Lichts bin, das auf dem Planeten Erde menschliche Erfahrungen macht.
Auch wenn ich nicht den ganzen seelischen Plan erfassen kann, so bin ich mir dennoch meiner vollen Verantwortung für all meine Schöpfungen sowie bisherigen Gedanken, Gefühle und Handlungen bewusst.
Ich entscheide mich, den schweren Rucksack aus Selbstkritik, Angst, Schuldgefühlen mitsamt der Bestrafungsmuster, Trauer, Selbstverurteilungen, Groll, Zorn und Scham abzulegen.
Von ganzem Herzen vergebe ich mir und anderen Menschen umfassend und für alle Zeiten.

Dadurch erleben wir eine kollektive Heilung und können das Gefühl der Freiheit und des inneren Friedens genießen.
Ich erlaube mir, mir all das zu schenken, was ich bisher von anderen Menschen erwartet habe.
Ich entscheide mich, mir selbst ab jetzt die größte Aufmerksamkeit und Liebe zu schenken. Ich bin für mein Glücklichsein selbst verantwortlich.
Ich erlaube mir, mein Lebensglück in den Mittelpunkt meines Lebens zu stellen und eine neue, glückliche Lebenswirklichkeit zu kreieren.“

Begeistere dich für dich selbst

Könntest du behaupten, dass du von dir selbst begeistert bist? Was begeistert dich konkret an dir?

Diese Fragen stellte ich meinen Interviewpartnerinnen in zahlreichen Gesprächen. Dabei fiel mir auf, dass sie, wenn sie über das Thema sprachen, meist nur die Begeisterung für eine Sache oder für eine Tat meinten.

Doch ich ließ nicht locker und bat sie, all das aufzuschreiben, was sie an sich lieben, wofür sie sich selbst gegenüber dankbar sind und wonach sie sich insgeheim sehnen.

Und siehe da, sogleich vollzog sich ein magischer Wandel in ihren Gesichtern, und ich sah ihre strahlenden Augen und glückliches Lächeln.

Sie erkannten bei dieser Aufgabe, dass es diesmal speziell um sie als Frau ging. Klar sind die meisten Frauen in unserer Gesellschaft daran gewöhnt, sich zum größten Teil im rationalen Leistungs- und Optimierungsbereich zu bewegen.

Für die Frau, die sich als ein überaus sinnliches Wesen mit hoher natürlicher Feinfühligkeit und Körperempfindsamkeit sieht, eignet sich die Frage *„Was begeistert mich an mir?“* zum Öffnen des Herzens.

Mit dieser Schlüsselfrage lenkt sie den Fokus von außen auf sich selbst und im zweiten Schritt in das Innere. Das ist IHRE Welt.

Es ist eine Welt der allumfassenden Liebe, der stillen Freude, der innewohnenden Glückseligkeit, der Leichtigkeit und des inneren Flows.

Um diese Welt zu betreten, ist es gerade für eine Frau von immenser Bedeutung, regelmäßig und täglich Zeit mit sich selbst zu verbringen. Zeit, in der sie ganz allein und in Ruhe ist.

Diese Zeit sollte genauso geplant werden wie ein bedeutsamer Geschäftstermin, denn hier trifft sie den allerwichtigsten Menschen in ihrem Leben: sich selbst.

Indem sie jeden Tag feste Zeiträume für sich selbst einplant und zum Lebensritual macht, entwickelt sie sich zu einer kompetenten Beobachterin dessen, was sie spürt, fühlt, empfindet und hört.

Schlüsselmoment♥ Denn alles, was wir wahrnehmen und annehmen – können wir verändern oder loslassen.

Durch die Hinwendung nach innen, zum Beispiel mittels einer Meditation oder in absoluter Stille und im Nichts-Tun, können sich die Gefühle wie Wut, Trauer und Angst durch bejahendes bewusstes Fühlen in Freude, Liebe und Vertrauen wandeln.

„Wie fühle ich mich jetzt gerade?“

Meistens identifizieren wir uns mit unseren Gefühlen und Gedanken. Da kann es schnell vorkommen, dass wir uns bereits unbewusst mitten in einem illusorischen Drama befinden.

Da die Energie der Aufmerksamkeit folgt, ist es daher von Bedeutung, den Fokus auf die aufbauenden Gedanken und daraus resultierenden positiven Gefühle zu lenken. Durch die darauffolgenden Handlungen werden sie am Ende zu unserer Realität.

Wenn wir den Mut finden, **in die Stille zu gehen** und uns in diese **mit allen Gedanken- und Gefühlsenergien aushalten**, werden wir nach und nach intensive Momente stiller Freude erleben und uns daran erinnern, dass es etwas in uns gibt, das über uns hinausgeht.

Wir werden einen Ort in uns entdecken, zu dem kein anderer Mensch Zugang hat: unseren Wesenskern. Dieser Ort ist wie ein klarer See mit ruhiger, unbewegter Oberfläche, still und rein. Er bleibt immer gleich, obwohl im Außen neue Erfahrungen gemacht werden.

Mit diesem machtvollen Wesenskern verbunden zu sein, bei allem, was wir tun, und vor allem bei Konflikten oder schwierigen Lebensumständen, kann uns eine tiefere und stabilere Verankerung in unserem Selbstwert ermöglichen.

„Unser wahres Ich ist ewig, vollständig und unzertrennlich mit dem Universum verbunden. Es ist pure Liebe und purer Geist.“

Indem wir unser Herz öffnen und lernen, mit offenem Herzen zu leben, bleiben wir in der Verbindung, in der Einheit mit unserem Selbst in uns.

Mit einem offenen Herzen sind wir ganz präsent im Hier und Jetzt – im Flow – und lassen uns vom Leben berühren. Wer mit offenem Herzen durchs Leben geht, weiß, was sie als Frau will, was ihr guttut und welche wahren Bedürfnisse und Wünsche sie hat.

Wenn wir zudem lernen, auf die zarte Stimme unserer Seele zu lauschen und ihr zu vertrauen – unserer wundervollen „Vermittlerin“ zwischen der physischen, materiellen Welt im Außen und der metaphysischen, geistigen Welt im Inneren – fangen wir wieder an, dieses Urvertrauen uns selbst, dem Leben und dem Universum gegenüber zu spüren.

Ausgeprägtes Urvertrauen bewirkt ein elementares positives Lebensgefühl. Es gibt dir das Grundlebensgefühl, in der Welt willkommen, geliebt, geborgen, umsorgt, behütet und bedingungslos angenommen zu sein.

Wenn du im tiefen Urvertrauen bist, weißt du, dass alles gut ist, wie es ist und dass alles sein darf. Ganz egal, was im Außen passiert und welche Schwierigkeiten und Herausforderungen das Leben dir im gegenwärtigen Moment präsentiert.

Du vertraust deinem eigenen Seelenweg und dem Schöpfungsprozess mit all seinen geheimnisvollen, wunderbaren Gestaltungs-, Lern- und Wachstumsmöglichkeiten.

Darüber hinaus vertraust du dieser unerschütterlichen universellen Kraft, der Liebe in dir und weißt intuitiv, dass alles immer zum rechten Zeitpunkt und zu deinem Höchsten Wohl geschieht. Und dass alles sich zu deinem Besten fügen wird.

Wenn wir uns mit unserem *geist*igen Herzen ganz bewusst verbinden, schwingen wir auf der Frequenz von Liebe, Freude, Lust, Leichtigkeit, Genuss, Dankbarkeit und Seligkeit, entwickeln dabei breitere Lebensvisionen und tiefere Einsichten.

Aus dieser Dimension heraus legen wir auch den Grundstein für die Begeisterung bzw. für das Gefühl, sich für etwas Höheres, das höchste Wohl von sich selbst und allen Lebewesen einzusetzen.

„Urvertrauen ist unsere natürlichste Essenz."

Achtsamkeitsübung: „Freude als Begeisterungsmarker"

Freude entspringt einem Gefühl der Verbindung mit dem Göttlichen und der inneren Kraft in uns. Es ist das Gefühl der Freude, das die Begeisterung über dich selbst und dein Leben erweckt.

Gewohnheitsgemäß erwarten wir, dass wir Freude durch den Kontakt mit anderen Menschen erleben werden oder sie mehr oder weniger zufällig in unser Leben kommt.

Schlüsselmoment ❣ Das Geheimnis heißt, wie auch beim Praktizieren der Selbstliebe: **Indem ich mir selbst im großen Maße Freude schenke, erhalte ich diese in mehrfacher Form vom Leben geschenkt.**

Schreibe dir dazu eine Liste von 100+ kleinen und großen Dingen sowie Aktivitäten, die bewirken, dass du Freude empfindest und dich dabei gut und glücklich fühlst.

Hänge diese Liste an einem gut sichtbaren Ort in deinem Zuhause auf und führe sie weiter. Notiere und ergänze sie mit weiteren konkreten und freudvollen Tätigkeiten.

Befasse dich täglich mit deiner Freude-Liste und suche dir einige Wohlfühlrituale aus, die du täglich anwenden kannst, um dein bezauberndes Frausein zu zelebrieren.

Indem du deine Wahrnehmungsfähigkeit schulst sowie deine Gedankenkraft nutzt, um Freude, Dankbarkeit, Leichtigkeit, Genuss und Gelassenheit zu trainieren, gewöhnst du dich daran, so zu fühlen, wie du denkst.

Bist du mit deinem Leben zufrieden, fällt es dir leichter, dich für das Wesentliche und die großartigen Wunder im Leben zu begeistern.

Anbei einige Fragen zum Erspüren der Freude und Begeisterung in dir:

- Was begeistert dich an dir selbst?
- Was liebst du an dir?
- Was bringt dein Herz zum Singen?
- Was bringt dich zum Strahlen?
- Was macht dich glücklich?
- Welche Herzenswünsche hast du?
- Wonach sehnst du dich?
- Wann fühlst du dich am lebendigsten?
- Was hat dich schon als Kind begeistert?
- Was ist für dich das Wesentliche im Leben?
- Wo lebst du dein Feuer der Begeisterung?
- Welche Tätigkeiten übst du mit Feuer und Flamme aus?
- Was ist deine Lebensaufgabe?
- Bist du bereit, der Stimme deines Herzens zu folgen, zu wachsen und dein Geschenk für die Welt zum Ausdruck zu bringen?

30 Inspirationen für Momente der Lebensfreude

Abschließend möchte ich dir eine kleine Fundgrube an Freudemachern vorstellen. Vieles rauscht flüchtig an uns vorbei. Dabei sind es die kleinen Freudemomente, unzählige schöne, alltägliche Kleinigkeiten und Augenblicke, die es wert sind, bewusst wahrgenommen zu werden.

Oft reicht es nur ein wenig die Augen offen zu halten, das Gefühl der stillen Freude in einem selbst zu bemerken, es zu genießen und dieses beglückende Gefühl des Öfteren ins eigene Leben zu integrieren.

Das versetzt dich in positive Stimmung und trägt nach und nach zur nachhaltigen Lebenszufriedenheit bei. Probiere es aus. 😉

1. Morgens nach dem Aufwachen das Fenster öffnen, dem fröhlichen Vogelgezwitscher lauschen und sich **auf den neuen Tag riesig freuen**.
2. Regelmäßig ein **Date mit sich selbst** ausmachen – es kann gerne auch eine Einladung ins 5-Sterne-Restaurant, ein Wochenende in einem exklusiven Wellness-SPA-Hotel oder etwas Außergewöhnliches sein. Wie kannst du dich selbst glücklich machen?

3. **Herzhaft lachen** – erstelle eine Magazin-Collage, die dich immer zum Lachen bringt. Oder sieh dir aufmunternde, lustige Videos an.
4. **Singen** – singe bei deinem Lieblingssong laut und voller Hingabe mit. Oder summe dein Lieblingslied. Summen hat viele Vorteile – es beruhigt dein Nervensystem, lässt dich deine Mitte finden, und es wirkt entspannend.
5. Mal laut Musik hören, dass es nur so scheppert. Und dabei die eigene **Stimmung ausleben**. Egal, ob wie ein fröhlicher Flummi durch die Wohnung tanzend oder auf dem Sofa liegend und dabei Tränen freien Lauf lassend.
6. Im Radio überraschend ein **Lieblingslied** hören und, klar, ein spontanes Tänzchen einlegen.
7. Jedes Mal, wenn du an einem Spiegel vorbeigehst, zwinkere dir liebevoll zu. Mache es dir zur (neuen) Gewohnheit, **aufbauende Komplimente mit Begeisterung zu dir selbst zu sagen** wie etwa: „Wow, heute siehst du wunderschön (bezaubernd, supersüß, entzückend, einfach traumhaft, zum Verlieben, zum Dahinschmelzen …) aus."
8. **Wunderwerk Körper** – entdecke immer wieder aufs Neue etwas Schönes, Bewundernswertes, Faszinierendes an deinem Körper. Betrachte mal gAnz intensiv ein paar Minuten die Farbe deiner Augen oder jeden einzelnen Finger. Und schenke insbesondere den Körperregionen, mit denen du (noch) in Un-Liebe bist, eine zärtliche Aufmerksamkeit. Umarme dich, sei ganz da und genieße diesen kostbaren Moment des In-sich-Ruhens.
9. **Lächeln, fester Blick nach vorn, Kopf hoch, Bauch rein, aufrechter Gang, Arme entspannt.** Jede dieser Körperhaltungen aktiviert im Gehirn ein neues Nervennetzwerk. Mithilfe dieses sogenannten Bodyfeedbacks* können wir unser Gehirn auf Selbstsicherheit, Optimismus, Erfolg, gute Laune und souveränes Auftreten programmieren und unsere Persönlichkeit dadurch gezielt verändern. *Unter Bodyfeedback versteht man die gesamten Rückmeldeprozesse, die das psychische (seelische) System durch die Emotionen aus dem Körper bekommt. Das bes-

te Beispiel dafür ist – Lächeln, die Mundwinkel nach oben ziehen. Nicht nur unsere Mitmenschen, auch unser Gehirn reagiert auf diese positive Mimik – man bringt sich selbst (und andere) in gute Stimmung. 😊

10. **Kein To-do-Tag** – morgens in der Früh aufwachen und wissen, dass du heute absolut nichts vorhast. Himmlisch.
11. Steigerung – Offline-Faulenztag. **Sich bewusste Zeiten der Langeweile erlauben.** Allen Gewissensbissen Adieu sagen und sich einfach der Muße hingeben. Und dabei all die Informationsflut von außen durch Telefon, Handy, Radio, Fernseher, Computer bewusst ausschalten.
12. Diese bewusste Auszeit – dieses **süße Nichtstun** – täglich in den Alltag integrieren, mit Viertelstündchen beginnen. Du wirst feststellen, wie gut es dir tut.
13. **Eigene Wohlfühloase** kreieren – einen Lieblingsplatz zum Wohlfühlen im eigenen Heim einrichten, der nur dir selbst gehört. Es könnte auch ein gemütlicher Schaukelstuhl zum Hören der Meditationen oder eine Ecke mit deinen persönlichen Sachen wie etwa erfreulichen Zeichnungen, Fotos, Blumen, bunten Affirmationskärtchen sein, die deine Seele widerspiegeln. Falls du so einen persönlichen Rückzugsort nicht hast – so erschaffe dir diese spezielle Oase des Alleinseins und betrachte dies als wertvolle Investition in dich selbst.
14. Gönne dir etwas, das du dir sonst sehr selten gönnst. **Verwöhne dich des Öfteren selbst nach Herzenslust.** Es sollte etwas Besonderes sein. Feiere dieses Gönnen. Denn erst, wenn wir uns selbst bestimmte Gaben oder den gewünschten Lebensstil **innerlich erlauben**, kann er sich im Außen manifestieren.
15. Gesunde Ernährung hat seine Zeit – gelegentlich **Schlemmen** hat auch seine Zeit. Einfach ohne schlechtes Gewissen Lieblingsschokolade essen. Und dabei die wohligen Gefühle beim Zerschmelzen der Schokolade auf der Zunge zergehen lassen.
16. Lange und ausgiebig frühstücken und den **Start in den Tag mit Genuss zelebrieren**. Mmmmh …

17. **Sei mal paradox**. Wenn dir ein Malheur oder ein Ärgernis im Alltag passiert, versuche mal, mit paradoxen Gedanken darauf zu vertrauen, dass sich dahinter etwas Positives verbirgt. Denn eine Medaille hat immer zwei Seiten. Suche gezielt den Nutzen in der jeweiligen Situation beziehungsweise der Erfahrung.
18. **Energie tanken durch ausreichenden und erholsamen Schlaf.** Entwickle dein eigenes (neues) Schlafritual.
19. Wellnesstage – **hole dir den Urlaub nach Hause**. Kerzenschein, ein gutes Buch oder sanfte Entspannungsmusik und dann ab in die Badewanne mit duftenden ätherischen Essenzen.
20. **Kunterbunte Blumenbouquets** – frischen jeden Raum auf, holen die Natur ins Haus und machen einfach gute Laune.
21. Spontan sein – mal eine Fahrt ins Blaue buchen**. Entdecke** das Spontane, **das Abenteuerliche in dir**.
22. Mache bei jedem Wetter einen langen Spaziergang in der Natur. **Spüre die Natur und dich selbst.** Betrachte des Öfteren den Sonnenaufgang oder den Sternenhimmel in einer klaren Nacht.
23. **Entschleunige deinen Alltag.** Bewege dich mindestens eine halbe Stunde lang bewusst langsam. Gehe bewusst langsam oder greife bedächtig, beispielsweise nach der Teetasse, auch wenn es anfangs ungewohnt ist.
24. Pflege ein kreatives Hobby oder lege dir eines zu. Du wirst diese **besondere Hochstimmung** lieben, die bei dir entstehen wird, wenn du dich wieder mit den künstlerischen Gaben in dir selbst verbindest. Es könnten unter anderem sein: Malen, Fotografieren, Töpfern, Schreinern, Nähen, Schmuck basteln, Kunsthandwerk, Kreatives Schreiben, Musikinstrument spielen, Film drehen, Tanzen oder Gartengestaltung. Das Geheimnis echter Erholung: etwas aus Muße tun und mit Freude eigene kreative Kunstwerke erschaffen. Melde dich noch heute zu einem Kurs an einem Weiterbildungsinstitut an.
25. Ein **Dankbarkeitstagebuch** jeden Abend schreiben – ist eine wunderbare Möglichkeit, sich auf das Wesentliche

im eigenen Leben zu fokussieren. Dankbarkeit ist eine Grundeinstellung mit enormer Wirkung. Wenn wir uns an jedem Tag mindestens an drei Dinge erinnern, für die wir dankbar sind, führt es zu einer neuen Körperchemie. Das Immunsystem wird stärker, die Zellen verändern sich und durch diesen bejahenden Gefühlszustand strahlen wir sehr viel Energie nach außen. Wenn wir *für alles, für alle Erfahrungen* dankbar sind und wertschätzen, was uns das Leben schenkt, entwickeln wir einen **inneren Glücksmagnetismus** und ziehen immer mehr positive Dinge in unser Leben. Je mehr das Gefühl der Dankbarkeit regelmäßig kultiviert wird, umso mehr stellt sich der Zustand der Fülle und des inneren Reichtums ein. Dankbarkeit ist das Gedächtnis des Herzens.

26. Entstresse dein Leben – entrümple und vereinfache dein Leben durch gründliches Aufräumen. Dadurch gewinnst du Ruhe und Zeit für ein achtsames Leben. Und jeglicher abgeworfene Ballast schafft immer einen **Freiraum für Neues** – für Veränderung.
27. Gestalte dein Heim nach Herzenslust neu um. Schaffe ein **Wohlfühlambiente** um dich herum, welches du schon immer haben wolltest.
28. **Etwas Neues anfangen**. Tue etwas, das du dich bisher nicht getraut hast, und spüre dabei diesen berauschenden Gefühlsmix aus Stolz und Mut.
29. Du verdienst das Beste in deinem Leben. Sage dir laut oder im Inneren immer und wieder, dass du ein wertvoller Mensch bist. Das ist dein Existenzrecht, du verdienst Liebe, Güte, Zärtlichkeit, Schutz, Verständnis, Freude, Fülle, Reichtum, Erfolg, Anerkennung und alles, was sich dein Herz ersehnt. **Du verdienst das Allerbeste.** *Gib dir die innere Erlaubnis,* dich der Fülle des Daseins zu öffnen und alle Geschenke des Lebens liebend und bejahend anzunehmen. Das **heiligste Geschenk** hältst du in diesem gegenwärtigen Moment schon in deinen Händen, es ist **dein Leben** – nutze es.
30. **Zukunftspläne schmieden.** Mit Dingen, die dich glücklich machen.

Meditation: „Die Kraft meines Herzens“

- Nimm eine angenehme Meditationshaltung ein, in der du dich wohlfühlst und lächle.
- Atme tief und ruhig durch die Nase ein und aus, bis dein ganzer Körper vollkommen locker und entspannt ist.
- Lenke nun deine Aufmerksamkeit nach innen auf deinen Herz-Raum und lege eine Hand aufs Herz.
- Stell dir nun vor, wie eine goldene Blüte sich in deinem Herzen öffnet und atme dabei sanft durch dein Herz ein und aus.
- In dieser Blüte leuchtet ein helles und wunderschönes Licht, verbinde dich mit diesem Licht, bis du die wohlige Wärme spürst, die das Leuchten ausstrahlt.
- Es ist eine Empfindung, als ob dein Körper und Geist vollständig von diesem glückseligen weißen Licht durchdrungen werden, das die Natur der reinen Liebe ausdrückt.
- Es kann ein Gefühl der sanften Freude, der wohltuenden Stille, der inneren Weite in dir oder eine beglückende Erfahrung des Angekommen-Seins sein. Vielleicht fühlst du nur eine Ruhe oder einen tiefen inneren Frieden.

- Beobachte einfach dieses Gefühl, das sich jetzt in dir, in deinem Körper ausbreitet. Und genieße es.
- Die folgende Affirmation
- **„Ich öffne mich für die Liebe und gehe IN RESONANZ mit der bedingungslosen, unerschöpflichen Quelle der LIEBE IN MEINEM HERZEN“**
- unterstützt dich, dich mit der machtvollsten Energie, jener Kraft, die in der Lage ist ALLES zu transformieren und zum Guten zu wenden – der „Universalen Liebe“ – zu verbinden.
- In diesem Augenblick bist du eine liebevolle Präsenz des Seins, ein strahlendes Bewusstsein.
- In dieser Gott-Unmittelbarkeit des wahren Wesens erinnerst du dich an deine ursprüngliche Vollmacht, durch die jeder reine, liebevolle Herzenswunsch von dir erfüllt wird.
- Genau in diesem magischen Moment gestatte dir, eine charismatische Zauberin zu sein.
- Erinnere dich an deine wahre Kraft in dir, an alle deine inneren Ressourcen, die dir ermöglichen, DIE Frau zu sein, die du schon immer sein wolltest. Nämlich ein einzigartige, liebevolle, gütige, starke, selbstbewusste, gelassene, machtvolle, bezaubernde, erfolgreiche, dankbare, fröhliche ... Frau, die über Fähigkeiten verfügt, sich selbst und die Menschen mit all den Stärken und Schwächen anzunehmen, die verzeihen, segnen, loslassen und die mit Begeisterung und mit frohem Mut immer und wieder neu anfangen kann. Die das Leben liebt, wie es ist.
- Lasse alle Empfindungen zu und öffne dich diesem inneren natürlichen Streben, sich in die zauberhafte Frau zu verwandeln, die du von deiner wahren Bestimmung her auch bist.
- Visualisiere den erwünschten Endzustand deines „Neuen Selbst“ mit allen deinen Sinnen und in einem besonderen emotionalen Zustand der tiefen Freude und Dankbarkeit und genieße diese *wundervolle Verschmelzung*.
- Du erschaffst dich in diesem Moment neu. DU erteilst den Impuls einer Schöpferin an dein Unterbewusstsein, dass es so geschehe, wie du es beabsichtigst. Frei nach dem Geheiß: „So sei es.“

- Verdeutliche dir in diesem Augenblick, dass du ein *Geistiges göttliches Wesen der Liebe und des Lichts* bist.
- **Schlüsselmoment❣** Erinnere dich jeden Tag (nach Möglichkeit so oft wie möglich), wer du wirklich bist, nimm dein Meisterinnen-Bewusstsein wahr und stelle unter anderem mithilfe dieser Herzmeditation die Verbindung zu deiner Seele und zu deinem „Höheren Selbst" bewusst her. Als unendlich machtvolle Schöpferin deiner Lebenswirklichkeit stehen dir grenzenlose Möglichkeiten zur Verfügung, dein Leben nach deinen Werten und Credos bewusst zu gestalten.
- Verstärke dieses innige, schwärmerische Gefühl und sende wieder in jede Faser deiner Seele das zukünftige Bild, so zu sein, so zu leben und so zu lieben, wie es deiner wahren Natur entspricht.
- Vertraue, genieße und wisse, dass deine Herzenswünsche in der Metaebene (in dem metaphysischen Quantenfeld aller Möglichkeiten) schon parat liegen und von dir in Empfang genommen werden möchten.
- Bleibe so lange in diesem schönen Moment, wie du möchtest. Fühlst du dich von Kraft durchströmt, erfüllt, komme nun zurück in den Raum, in dem du dich befindest. Öffne deine Augen und lächle.

„Wer Vertrauen hat,
erlebt jeden Tag Wunder!“
Epikur

Nachwort

Es ist vollbracht. An dieser Stelle möchte ich dich, liebe Freundin, mit ganzem Herzen umarmen und dir für dein vertrauensvolles Einlassen auf die Fülle der Informationen danken.

Ich gratuliere dir für das Ausprobieren der Achtsamkeitsübungen, welche dir grenzenlose Optionen und Möglichkeiten aufzeigen, dein kostbares Leben als glückliche Schöpferin zu meistern.

Dieses Buch entspricht einer Einladung, sich immer wieder von Neuem der Stimme des eigenen Herzens sowie der inneren wahren Größe gewahr zu werden.

Indem du dir deiner inneren Macht bewusst wirst, entdeckst du, dass du – unabhängig von deiner aktuellen Lebenssituation – den Verlauf deines Lebens jeden Tag aufs Neue selbstbestimmt gestalten kannst.

Anfangs wird sich dein *Vertrauen zu dir selbst*, metaphorisch gesprochen, wie ein zartes Pflänzchen anfühlen. Indem du lernst, es zu schützen, zu pflegen und zu hegen, wird sich dein Inneres immer mehr zu einer wunderschönen Blume entfalten.

Mit jedem Akt der Liebe, welchen du dir selbst gegenüber vollbringst, wird auch dein Selbstvertrauen wachsen und gedeihen.

Auf Basis dieses grenzenlosen Vertrauens in dich selbst wird sich mit der Zeit eine beglückende Zuversicht einstellen, dass alles, was deine Seele sich in diesem Leben ersehnt, verwirklicht werden kann.

Öffne dein Herz, fühle es, lache, sei Freude und Lebenslust pur. Feiere deine einzigartige Schönheit, dein bezauberndes Frau-Sein. Entdecke dein wahres, ewiges Wesen. Erkunde dein magisches Potenzial als Frau. Sei in deiner inneren Welt das, was du im Außen erschaffen möchtest. Genieße die Freiheit, du selbst zu sein.

Verbinde dich mit der bedingungslosen Liebe in dir. Du bist ein göttliches, machtvolles Schöpferwesen. Erinnere dich an deine ureigene Liebesnatur. Würdige dein Menschsein.

Schöpfe dein Leben voll aus, mit allem, was dazugehört. Lasse die inneren Widerstände, Forderungen, Erwartungen los. Sage Ja zum Leben. Gib dich dem Fluss des Lebens hin. Vertraue. Folge deinen Träumen. Gehe mutig deinen eigenen Weg. Finde dein Geschenk für die Welt. Bringe dein Licht zum Leuchten. Wage es.

Ja, du kannst!

Es grüßt dich herzlichst,
Marina Metzler

Danksagung

Von ganzem Herzen danke ich allen Menschen, die mich beim Schreiben dieses Buchprojekts inspiriert und unterstützt haben.

Ein besonderer Dank gilt meiner wundervollen Familie, dem kompetenten Lektorat und der professionellen Begleitung vom Team Vindobona Verlag.

Ich bin zutiefst dankbar für alle Begegnungen mit den Menschen in meinem Leben sowie für alle wertvollen Erfahrungen und bedeutsamen Einsichten, die ich aus diesen gemeinsamen Erlebnissen für mich gewinnen konnte. Namasté.

Quellenangaben

Kapitel: Nachhaltiger Umgang mit negativem Stress
YouGov-Umfrage aus dem Frühjahr 2021 https://www.swisslife.de/ueber-swiss-life/presse/pressemitteilungen/newsfeed/2021/08-18.html (abgerufen am 14.02.2022)

Kapitel: Dauerhafter Stress als Krisenvorbote
https://www.meine-gesundheit.de/krankheit/krankheiten/stress (abgerufen am 22.02.2022)

Weiterführende Medien

„Intelligente Zellen. Wie unsere Erfahrungen unsere Gene steuern." Bruce Lipton (Koha – 2006)
„Kausal-Training. Wie unser Bewusstsein Realität erschafft" Kurt Tepperwein (Goldmann Arkana – 2009)
„Schritte der Achtsamkeit. Eine Reise an den Ursprung des Buddhismus" Thich Nhat Hanh (Herder – 2009)
„Meditationen für Körper und Seele" Louise L. Hay (Allegria Ullstein – 2009)
„Gewinne deine Krankheit lieb – Die Geheimnisse des Unterbewusstseins" Valerij Sinelnikov (Baltosios gulbes Vilnius – 2010)
„Schüssler-Salze für seelisches Wohlbefinden. Alltagssituationen gelassen meistern – Körper, Geist und Seele in Balance" Margit Müller-Frahling (Lingen – 2008)
„Wenn Frauen zu sehr lieben. Die heimliche Sucht gebraucht zu werden" Robin Norwood (Rowohlt – 1994)
„Wahre Liebe lässt frei. Wie Frau und Mann zu sich selbst und zueinander finden" Robert Betz (Heyne – 2014)
„Emotionaler Schutz. Die besten Tipps, wie du deine Seele schützt und zu innerer Stärke findest" Susanne Hühn & Mo Moberg (Schirner Verlag – 2020)

„Lebe nach deinen Regeln – 10 Schritte zum unkonventionellen Denken“ Vishen Lakhiani (Allegria – 2017)
„TransSurfing – Die Realität ist steuerbar“ Vadim Zeland (Silberschnur – 2006)

Die Autorin

Auf zugleich kraftvolle und sanfte Art hat sich Marina Metzler (Jg. 1979) darauf spezialisiert, Frauen dabei zu unterstützen, ihr inneres Potenzial zu erkennen und ihr erfülltes Traumleben nach selbstbestimmten Standards zu leben.
Die zweifache Autorin absolvierte zahlreiche Ausbildungen, u. a. in den Bereichen Motivation Coaching, Kreatives Schreiben, als Ernährungsberaterin und Kundenberaterin im Finanzdienstleistungs- und Versicherungswesen. Aktuell wirkt sie darüber hinaus als Mentorin und Psychologische Beraterin. Sie widmet sich mit Hingabe den Themen Ganzheitliche Persönlichkeitsentwicklung und Selbstliebe.
Marina Metzler lebt mit ihrer Familie in Kraichgau und tanzt in ihrer Freizeit Line Dance, Latein und Standard Tänze. Sie liest gerne, lacht und teilt mit offenem Herzen Liebe. Ihre positive Lebenseinstellung zeigt sich in ihrer Empathie, ihrer Dankbarkeit und in ihrem Humor.

Der Verlag

VINDOBONA
VERLAG SEIT 1946

ein Verlag mit Geschichte

Bereits seit 1946 steht der Vindobona Verlag im Dienst seiner Bücher und Autoren. Ursprünglich im Bereich periodisch erscheinender Journale tätig, präsentiert sich der Verlag heute als kompetenter Partner für Neuautoren am deutschen, österreichischen und schweizerischen Buchmarkt. Engagement, Verlässlichkeit und Sachverstand – das sind die Grundpfeiler, auf denen der Verlag seit jeher sicher steht.

Sie möchten mit Ihrem Werk das vielseitige Verlagsprogramm bereichern? Der Vindobona Verlag garantiert Ihnen eine professionelle Prüfung Ihres Manuskriptes durch das Lektorat sowie eine zeitnahe Rückmeldung.

Genauere Informationen zum Verlag
finden Sie im Internet unter:

www.vindobonaverlag.com